|就业技能培训教材|

餐厅服务基本技能

（第3版）

主　编　周武杰
副主编　赵　芳
参　编　宋晓兰　孙叶玲　王　栋　周建良
主　审　邱明明

中国劳动社会保障出版社

图书在版编目(CIP)数据

餐厅服务基本技能 / 周武杰主编. --3 版. --北京：中国劳动社会保障出版社，2024. --(就业技能培训教材). --ISBN 978-7-5167-6702-3

Ⅰ. F719.3

中国国家版本馆 CIP 数据核字第 20240618XW 号

中国劳动社会保障出版社出版发行

（北京市惠新东街 1 号　邮政编码：100029）

＊

北京昌联印刷有限公司印刷装订　　新华书店经销
880 毫米×1230 毫米　32 开本　4.25 印张　98 千字
2024 年 12 月第 3 版　　2024 年 12 月第 1 次印刷
定价：13.00 元

营销中心电话：400-606-6496
出版社网址：https://www.class.com.cn

版权专有　　侵权必究

如有印装差错，请与本社联系调换：(010) 81211666
我社将与版权执法机关配合，大力打击盗印、销售和使用盗版图书活动，敬请广大读者协助举报，经查实将给予举报者奖励。
举报电话：(010) 64954652

前　言

　　就业技能培训是终身职业技能培训体系的重要组成部分。就业技能培训系列教材是为适应开展就业技能培训的需要，提升就业技能培训的针对性和有效性，促进就业技能培训规范化、高质量发展而组织开发的。本套教材以相应职业（工种）的国家职业标准和岗位要求为依据，力求体现以下特点：

　　全。教材覆盖各类就业技能培训，涉及职业素质类、农业技能类、生产、运输业技能类、服务业技能类、其他技能类五大类。

　　精。教材中只讲述必要的知识和技能，强调实用和够用，将最有效的就业技能传授给受培训者。

　　易。内容通俗易懂，图文并茂，易于学习。

　　教材编写是一项探索性工作，由于时间紧迫，不足之处在所难免，欢迎各使用单位及读者提出宝贵意见和建议，以便教材修订时补充更正。

内 容 简 介

本书是餐厅服务就业技能培训教材，在第 2 版的基础上结合当前餐厅服务的实际需要对内容进行了调整和完善，如增加了安全卫生等内容。本书的主要内容包括：岗位认知、餐前准备、接待服务、餐间服务、餐后服务、安全卫生等。

全书图文并茂，语言通俗易懂，内容紧密结合工作实际，突出技能操作，便于学员更好地掌握餐厅服务基础知识和基本技能。

本书适合于就业技能培训使用。通过培训，初学者或具有一定基础的人员可以达到从事餐厅服务工作的基本要求。

目 录

第 1 单元　岗位认知 …………………………………………… 1

模块 1　餐厅服务概述 ………………………………………… 1
模块 2　餐厅组织机构设置及岗位职责 ……………………… 6
模块 3　仪表与仪态要求 ……………………………………… 10
模块 4　餐厅服务礼貌用语 …………………………………… 16

第 2 单元　餐前准备 …………………………………………… 21

模块 1　环境及物品准备 ……………………………………… 21
模块 2　托盘服务 ……………………………………………… 24
模块 3　餐巾折花 ……………………………………………… 29
模块 4　餐台布置 ……………………………………………… 44

第 3 单元　接待服务 …………………………………………… 65

模块 1　迎宾服务 ……………………………………………… 65
模块 2　点菜服务 ……………………………………………… 67

第4单元　餐间服务 ······ 79

模块1　上菜服务 ······ 79
模块2　分菜服务 ······ 83
模块3　酒水服务 ······ 88
模块4　撤换菜品及餐用具服务 ······ 99

第5单元　餐后服务 ······ 103

模块1　送客服务 ······ 103
模块2　餐后收台 ······ 104
模块3　投诉处理的程序和技巧 ······ 105

第6单元　安全卫生 ······ 109

模块1　餐厅卫生要求 ······ 109
模块2　餐厅安全常识 ······ 115
模块3　食物中毒预防 ······ 120

培训建议 ······ 125

第 1 单元 岗位认知

模块 1　餐厅服务概述

餐厅服务的实施主体是餐厅服务员，即以餐厅服务设备设施为依托，在顾客用餐消费过程中，提供全程满意服务，使顾客得到餐饮产品的一线人员。餐厅服务员代表餐厅直接为顾客服务，其服务水平是餐厅服务水平的重要标志，如果餐厅服务员能够正确认识自己的岗位职责，在工作时使顾客有宾至如归的感觉，就能为餐厅树立良好的形象，提高餐厅的声誉。

一、餐厅

餐厅是凭借餐饮设施，向顾客出售菜肴、酒水及相关服务的特定场所。根据餐饮内容、服务方式、规格水平的不同大致可以分为以下几类。

1. 零点餐厅

零点餐厅装饰简洁明快、环境舒适、气氛轻松，顾客通常是随到随吃，服务也是按先到者先服务的原则进行。

2. 正餐厅

正餐厅是最主要的餐厅种类，指食品精美、服务高雅、装饰华丽、环境舒适的桌式服务餐厅，如图 1-1 所示。正餐厅大多提供零点服务,菜单内容品种齐全,规格较高,各类中餐厅、西餐厅一般都属于此类。

图 1-1　正餐厅

3. 特色餐厅

特色餐厅又称风味餐厅,主要提供具有地方特色或民族风味的菜品及服务,如图 1-2 所示。特色餐厅经营的内容专一,因此菜单内容有限,服务程序大致与正餐厅相似,但服务细节、要求有所不同。

图 1-2　特色餐厅

4. 宴会餐厅

宴会餐厅也称为多功能厅,可以用来举行婚庆、公司聚餐,也可作为举办文艺演出等活动的场所,如图1-3所示。大型宴会餐厅可容纳几十桌顾客,小型的仅可接待几桌顾客。

图1-3　宴会餐厅

5. 主题餐厅

主题餐厅是围绕一个或多个主题,向顾客提供餐饮服务的场所。主题餐厅最大的特点是赋予了餐厅某个主题,围绕既定的主题来营造餐厅的经营气氛,以其独特、新奇的环境装饰、服务特色等吸引顾客,如图1-4所示。

图1-4　主题餐厅

6. 咖啡厅

咖啡厅是一种小型的、简单的西餐厅,主要向顾客供应简单的食物,如面包、三明治、甜点以及咖啡等饮品,如图1-5所示。咖啡厅的营业时间较长,服务迅速,一般早、中、晚三餐都营业。

图1-5 咖啡厅

7. 自助餐厅

自助餐厅是一种快餐厅,采取顾客自主从餐台上选取食品的就餐方式。自助餐厅的特点是菜肴品种丰富,餐台利用率高,但服务员较少,以顾客自我服务为主,如图1-6所示。

图1-6 自助餐厅

二、餐厅服务

餐厅服务是指餐厅服务员为顾客提供菜品和酒水饮料的一系列丰富而多样化的服务，这种服务既有严格的服务程序和操作规范，又要遵循特定的礼节礼貌。

三、餐厅服务员的基本素质

餐厅服务的宗旨对餐厅服务员提出了较高的要求，要成为一名优秀的餐厅服务员（以下简称服务员），必须具备良好的职业道德、娴熟的业务能力、积极的职业心态、健康的身体素质。

1. 职业道德

（1）树立正确的服务观念。服务员必须树立顾客至上的服务观念，热爱自己的岗位，做到干一行爱一行。只有这样，服务员才能激励自己不断努力学习，奋发向上，开拓创新，全身心为每位顾客提供优质服务。

（2）严格遵守规章制度。遵守规章制度是做好餐饮服务工作的重要保证。服务员应自觉遵守餐厅的规章制度和员工守则，服从工作调动和安排，热情为顾客服务，完成本职工作。

2. 业务能力

（1）专业的操作技能。服务员必须具备本岗位的操作技能，如托盘、折花、摆台、斟酒、上菜、分菜等。服务员只有熟练掌握和运用好这些专业操作技能，才能高效率、高品质地为顾客服务。

（2）讲究礼仪。讲究礼仪是服务员在工作岗位上的礼貌与文明要求，主要有仪表、仪态、动作、语言等。服务员应该掌握服务礼仪，做到礼貌待人，及时满足顾客需要。

（3）应变能力。对于服务员来说，应变能力主要体现在特殊情况、突发事件的处理上。服务员是第一线员工，也是最早接触顾客的人，当顾客的需求有变化时，应该第一时间调整服务策略。

(4) 语言能力。语言是有声的思想，是表达感情的首要工具。服务员对顾客的服务态度，很大程度上是从语言中反映出来的。服务员要使用得体的服务语言，为顾客服务时要做到有"五声"，即顾客来时有迎客声，遇到顾客有称呼声，得到帮助有致谢声，工作失误有致歉声，顾客离店有送别声。

3. 职业心态

(1) 感恩的心态。服务员在工作场合要保持感恩的心态，用勤奋的工作和无私的奉献主动为顾客服务，把服务做到最好。

(2) 乐观的心态。乐观的心态是对待任何事物都有积极向上的态度。服务员在面对顾客时，要保持乐观的心态和昂扬的奋斗精神，积极进取，并把这种乐观传递给所服务的顾客。

(3) 宽容的心态。服务员应有宽广的胸襟和强大的自控能力，不过分计较、追究他人的过失，学会宽容，顾全大局。

(4) 进取的心态。进取的心态是取得发展的必要前提，服务员应该本着谦虚学习的态度，不断探索和追求，在事业上获得更大的成功。

4. 身体素质

餐厅工作时间长，项目烦琐，站立、行走、托盘等都需要一定的腿力、臂力、腰力，这就需要服务员具备良好的身体素质，在工作中保持精力充沛，还要有吃苦耐劳的精神。

模块2 餐厅组织机构设置及岗位职责

一、餐厅组织机构

不同类型、不同规模的餐厅，其组织机构会有很大不同。餐厅在设置组织机构时一般会从自身业务需求出发，比如有的餐厅迎宾和值台由一位服务员担任。某餐厅组织机构设置如图1-7所示。

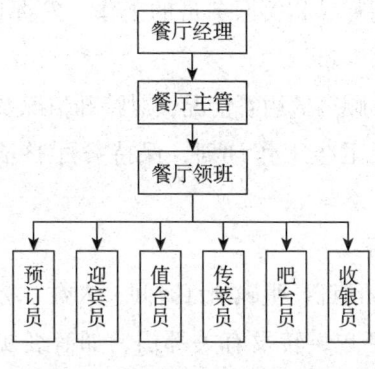

图1-7　某餐厅组织机构设置

二、餐厅服务员岗位职责

1. 餐厅经理/餐厅主管职责

（1）全面负责餐厅的管理工作，保障餐厅经营业务正常进行。

（2）负责餐厅工作人员调配、班次安排和员工的考勤及考核。

（3）负责餐厅工作人员的岗位业务培训，不断提高全员业务素质。

（4）了解掌握厨房货源情况及供餐菜单情况，组织服务员积极做好各种菜点和酒水的推销工作。

（5）检查餐厅卫生和安全。

（6）处理顾客对餐厅服务工作的意见、建议和投诉，对工作进行改进并监督改进效果。

2. 餐厅领班职责

（1）做好经理/主管的助手，带领本班人员完成上级交办的各项任务。

（2）开餐前检查餐厅摆台、清洁卫生、餐厅用具供应及设备设施的完好情况。

（3）开餐期间督导相关服务员的工作，发挥带头作用，做好现场培训。

（4）注意观察顾客的用餐情况，对特殊情况及时进行处理。

（5）落实每天卫生工作计划，保持餐厅整洁和服务员的个人卫生。

3. 预订员职责

（1）接待顾客预订，明确预订时间、人数、标准及特殊要求等。

（2）填写任务单，转发有关部门，如有变更应及时通知有关部门。

（3）打印当日宴会菜单。

（4）进行市场调查，掌握市场动态，提出销售建议，进行宣传促销，开拓客源市场。

（5）根据顾客需要及餐厅情况安排席位。

4. 迎宾员职责

（1）了解当天的订餐情况，落实安排好餐桌。

（2）为来餐厅用餐的顾客提供引位和迎送接待服务。

（3）根据餐厅座位和容量合理安排顾客。

（4）当餐厅满座时，耐心向顾客解释，并为顾客办好登记手续；顾客离开时，征求意见，与其保持良好的关系。

（5）记录顾客意见及投诉，及时向主管/经理反映。

（6）协助值台员做好餐前准备工作和餐后收尾工作。

5. 值台员职责

（1）在领班的领导下认真完成各项工作任务。

（2）整理餐厅，摆台，清理服务设备，做好开餐前的准备工作。

（3）了解每日供应菜式及酒水，以便介绍给顾客，熟悉菜肴特点、酒水的品种与价格，积极向顾客推销特色菜，按规定认真填写菜单和酒水单。

（4）为顾客上菜、分菜、斟酒，收换餐具，服务顾客就餐。

（5）礼貌而有效地处理顾客投诉，在自己无法处理时及时向上级反映。

（6）负责好餐后各项收尾工作。

6. 传菜员职责

（1）开餐前做好区域卫生，做好餐前准备。

（2）餐前准备好调料及传菜工具，主动配合厨房做好出菜前准备。

（3）保证对号上菜。

（4）熟知餐厅菜品的特色及制作原理和配料搭配。

（5）妥善保管好订单，以便复核。

（6）熟记餐厅房间号、台号，按上菜程序准确、迅速传菜。

（7）协助值台员撤掉用后餐具、剩余食品等。

7. 吧台员职责

（1）按照卫生标准做好吧台内外的清洁卫生工作。

（2）负责餐厅吧台酒水申领、补充和储存工作。

（3）按照规定做好酒水的冷藏工作。

（4）负责吧台日常盘点工作，填写每日酒水销售盘点表。

（5）凭酒水订单发放酒水，并注意核实数量，保证手续完备。

（6）完成领班布置的其他各项工作。

8. 收银员职责

（1）负责接收和处理顾客的消费凭证、单据，及时完成顾客的消费结算。

（2）完成当班营业日报表。

（3）保管好账单、发票并按规定使用、登记。

（4）认真解答顾客提出的有关结账方面的问题，如自己不清楚或不能令顾客满意，应及时向上级报告。

（5）统计当天营业收入，填写营业报表。

模块3　仪表与仪态要求

一、仪表要求

1. 衣着整洁得体

服务员着装应"四长""四围"适宜。"四长"即袖长、衣长、裤长和裙长。袖长以至手腕为宜，衣长以至手臂自然伸直后的双手虎口处为宜，裤长以至鞋面为宜，裙长以至双膝为宜。"四围"即领围、胸围、腰围和臀围。"四围"应松紧适宜，保持上衣领口、袖口的清洁。

服务员工作时间应着规定制服，不挽衣袖或卷裤脚，左胸上方佩戴工号牌上岗。衣服应扣的扣子需扣好，不漏扣、掉扣。男性服务员和女性服务员均以着深色鞋为宜，男性服务员黑色皮鞋宜配深黑色、藏蓝色和深灰色袜子，女性服务员黑色皮鞋（或布鞋）宜配肉色袜子。

2. 头发清洁整齐

服务员应勤洗头、勤理发，头发颜色自然，保持清洁整齐，发型端庄大方。头发长度前不过额，侧不掩耳。男性服务员不留鬓角；女性服务员若是长发应扎起或盘起，使用黑色发夹，款式简单。

3. 饰品简洁素雅

服务员饰品佩戴应"少而精"，不可佩戴除手表、戒指以外的其他饰品，佩戴的手表及戒指的颜色与款式不夸张。

4. 注意个人卫生

服务员个人卫生应保持面容整洁，男性服务员要经常刮脸，女性服务员画淡妆。做到"四勤"和"四不"。"四勤"即勤洗手和剪指甲、勤理发、勤洗澡、勤换衣服；"四不"即不留长指甲和不涂有色指甲油，不佩戴除手表、戒指以外的饰品，不随地吐痰，不乱扔废弃物。

遵守卫生操作要求，工作时保持手部的清洁卫生，避免用手直接接触食物；不用双手触摸头发，不挖鼻、抓痒或掏耳朵；去卫生间后及时清洁双手；打喷嚏和咳嗽时需使用纸巾遮掩口鼻部位，避免污染食物。

5. 微笑服务

优质服务从微笑服务开始，真诚的微笑是优质服务的重要标志。

微笑是美的象征，是服务员与顾客情感沟通的桥梁。微笑服务体现了服务员对顾客的亲切与友好，可增进客我关系。服务员真诚的微笑能给顾客带来宾至如归之感。微笑作为无声的服务，对顾客具有积极情绪的引导和感染作用，还能将热情、友好、融洽、和谐、自信的形象和气氛传递给顾客，提升顾客对餐饮产品的评价和对服务质量的满意度。

二、仪态要求

服务员规范的服务仪态要求包括正确的站姿、坐姿，雅致的走姿，适当的手势和得体的表情。

1. 站姿

站姿是服务员工作的基本功之一。正确站姿需做到头正、肩平、颈直、背直、腰直、臂直、腿直。

（1）头正，双目平视，面带微笑，表情自然平和。

（2）双肩放松，双臂自然下垂或交叠放于小腹处。

（3）身体挺拔、挺胸、收腹、立腰、双腿立直，给人以向上的感觉。

（4）男性站立时要双脚分开，与肩同宽；女性站姿要求双膝靠拢，双脚微分开，呈"V"字形或"丁"字形，如图1-8所示。

图1-8 女性站姿

2. 坐姿

坐姿是服务员举止要求的主要内容之一。正确的坐姿要求如下（见图1-9）：

（1）入座应轻稳，不赶步，以免给人以抢座感。

（2）女性若着裙装，需用手将裙摆稍拢后入座，避免坐下后再站起整理衣服。

（3）双肩放松，双臂自然弯曲，双手放于双腿上，也可掌心向下将手放于座椅扶手上。

（4）上身自然挺直，立腰，面带微笑，表情自然平和。

（5）双腿自然并拢，正放或侧放。坐于椅子的三分之二处，不可满座，以示谦恭。

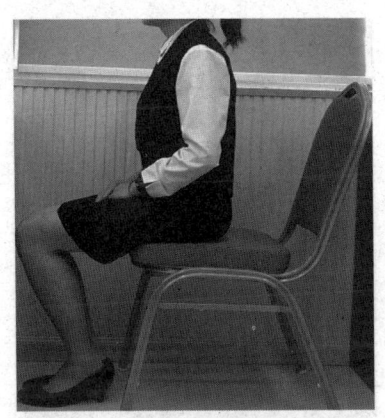

图 1-9　坐姿

3. 行走

走姿轻快、稳健而具有活力，表现一种动态的美感，给人精神上的享受，也能体现服务员良好的气质与风度。行走的具体要求如下（见图 1-10）：

（1）头正，目光平视前方，表情自然，挺胸，收腹，两肩平稳，上身直立，双臂下垂，前后摆动自然，立腰，双腿直立不僵，身体重心稍向前倾。

（2）双臂前后自然摆动幅度不宜过大。

（3）步位恰当，男性服务员双脚行走呈平行线，女性服务员双脚内侧行走呈一直线，两脚尖不要形成"内八字"或是"外八字"。

（4）步幅大小适度，男性服务员步幅约40厘米，女性服务员步幅约30厘米。

（5）脚步轻稳，步速均匀，正常速度约为每分钟60~100步。

（6）上下楼梯时头正、背直、前胸微挺，收腹、收臀。

（7）一般情况下靠右侧行走。

图 1-10　走姿

4. 蹲姿

在餐饮服务中,有时需要下蹲,如帮助顾客取放、捡拾物品,清洁餐厅卫生和为沙发区的顾客服务酒水等。优雅的蹲姿要求如下(见图 1-11):

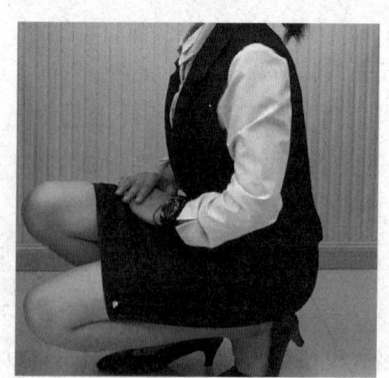

图 1-11　蹲姿

（1）双脚前后稍分开，站于要取或捡拾的物品旁，抬头挺胸，上身挺直，垂直慢速屈膝下蹲。

（2）控制好身体的重心，臀部下沉，拾取物品。

需要注意的是，女性服务员在服务过程中需要拿取低处物品时，忌臀部向上翘起，也勿突然下蹲，需两腿并拢，慢速下蹲，且上身不过于前倾。若穿裙装，可以采用交叉蹲姿，即两腿交叉，垂直下蹲，控制好重心。

5. 手势

手势是人们在沟通、交流经常使用的动作，是具有表达力的一种肢体语言。在餐饮服务工作中，恰当运用手势可增强和体现服务的仪式感。

服务员手势的运用要求准确、规范、适度、自然、得体、大方。下面主要介绍请姿和引领手势。

（1）请进手势。请进手势是餐饮接待服务中常用的手势之一。正确、规范的请进手势要求：右手掌五指伸直并拢，掌心向上，以肘关节为轴，手从腹前抬起向右摆动至身体右前方。

（2）请坐手势。请坐手势多用于请顾客入座时。正确、规范的请坐手势要求：一手屈臂由前抬起，再以肘关节为轴，前臂由上而下摆动，使手臂向下呈一斜线，向座位处示意。

（3）引领手势。引领手势一般用于引导顾客或指示方向。规范、优雅的引领手势要求：五指伸直并拢，掌心向上与地面成45°，屈肘由腹前抬起，手的高度与胸部同高，向要行进的方向伸出前臂，注意身体侧向顾客一侧，目光兼顾所指方向和顾客。指示目标或方向时，忌伸出食指指点。

使用手势时应注意：不乱用手势或反复使用一种手势；手势不可过多，幅度大小要适度，不宜过大；避免不良的手势和动作出现，诸如与人交谈，讲到自己时不用手指自己鼻尖，更不可用手指他人；

避免交谈时对人作出指指点点等不礼貌的手势；服务操作时，还应避免用手触摸面部和头发、挖鼻、剔牙及把玩饰物等不雅和不符合卫生要求的动作。

6. 鞠躬

鞠躬一般可分为一度鞠躬、二度鞠躬和三度鞠躬：一度鞠躬用于表示问候，二度鞠躬用于表示感谢，三度鞠躬用于深表敬意或者歉意。规范的鞠躬礼要求如下：

（1）面向受礼者，优雅站立，以腰为轴，上身由直立逐渐向下躬身。

（2）目光从注视对方到向下看，双手五指并拢，双臂自然下垂（或由两侧滑向双膝方向至手指将相碰）。

（3）施礼同时致问候语、感谢语或致歉语后，抬头直腰（注意速度不宜过快），恢复站姿，目光再次注视受礼方。

服务员在工作中经常处于"动"的状态，应时刻注意保持动作的优雅。不文雅的举止和不文明的动作，或是不卫生、不稳重的行为，都将失敬于顾客。这些不文雅的举止不仅会给顾客留下不好的印象，还与优雅的服务行为举止格格不入。因此，服务员应在日常生活和工作中养成良好的仪态，严格遵守行为规范。

模块4 餐厅服务礼貌用语

一、餐厅服务语言要求

语言是人们表达思想、交流感情的交际工具，服务语言是服务员素质的最直接体现之一，服务员应以热情得体的语言为顾客提供优质的服务。

1. 音量适度

一般而言,讲话放低声音要比提高嗓门听起来舒服,但要注意声音不能太轻、太低,以对方能听清为宜。

2. 语调柔和

一个人的嗓音基本是由先天条件决定的,若能注意随时调整嗓音,则能起到增强语言感染力和吸引力的作用。服务员应尽可能使声音听起来柔和,避免粗声和生硬,要塑造温和有礼的形象。

3. 语速适中

讲话速度不宜快,避免连珠炮式的讲话,向顾客交代事情或回答顾客问题时,需轻声细语,速度适中,给顾客留下稳重的印象。

4. 抑扬顿挫

与顾客沟通,注意语调的高低变化和抑扬顿挫,以引起顾客的注意,尤其是向顾客交代的事情较多时,更应避免平淡的语调。

5. 吐字清晰

与顾客沟通要求吐字清晰,准确传递信息,避免咬舌。

二、常用礼貌用语及忌语

无论是在日常生活中,还是在餐厅对客服务接待中,常用礼貌用语"十一字"包括:您、您好、请、谢谢、对不起、再见,服务员要养成礼貌习惯,熟练运用。针对餐厅服务,常用的日常礼貌服务用语如下:

1. 顾客进入餐厅

(1)早上好先生(小姐),您一共几位?

(2)请往这边走。

(3)请跟我来。

(4)请坐。

(5)请稍候,我马上为您安排。

(6) 请等一等，您的餐台马上准备（收拾）好。

(7) 请您先看一下菜单。

(8) 先生（小姐），您喜欢坐在这里吗？

(9) 对不起，您跟那位先生合用一张餐台好吗？

2. 为顾客点菜

(1) 您好，先生（小姐），现在可以为您点菜吗？

(2) 您喜欢用什么饮料，我们餐厅有……

(3) 您喜欢用些什么酒水？

(4) 您是否喜欢……？

(5) 您是否有兴趣品尝今天的特色菜？

(6) 您喜欢甜食吗，来盘水果沙拉如何？

(7) 请问您还需要什么？我们这里有新鲜、味美、适口的凉菜。

(8) 好的，我跟厨房联系一下，会让您满意的。

(9) 如果您不介意的话，我向您推荐……

(10) 您若急着赶时间，我为您推荐些快餐。

3. 为顾客上菜

(1) 先生，现在为您上热菜可以吗？

(2) 对不起，请让一下。

(3) 对不起，让您久等了，这道菜是……

(4) 真抱歉，耽误您很长时间。

(5) 实在对不起，我们马上为您重新做（换）一盘。

4. 席间为顾客服务

(1) 先生（小姐），您的菜上齐了，请慢用。

(2) 您还需要些什么饮料？

(3) 您还需要加点菜吗？

(4) 对不起，我马上问清后答复您。

(5) 谢谢您的配合（感谢您的帮助）。

5. 餐后结账并送客

（1）先生（小姐），您的账单。

（2）先生（小姐），这是发票和找您的零钱，请收好，谢谢。

（3）希望您对菜品提出宝贵意见。

（4）感谢您的建议。

（5）谢谢，欢迎您再来。

（6）再见，欢迎您再次光临。

在餐厅服务中与顾客沟通时需注意忌用"四语"，即蔑视语、否定语、顶撞语、烦躁语。服务员应做到在不同地点和场合与顾客进行礼节性、工作性的交谈，不讲粗话、脏话，不讲与服务无关的话。

第2单元 餐前准备

模块1 环境及物品准备

充分的餐前准备是餐厅良好服务和高效运营的基础。餐前准备工作包含许多细节,需要严格按照相关的流程来执行工作标准,才能为顾客提供高质量的服务。

一、环境准备

1. 餐厅环境检查项目和要求

(1)检查干湿抹布、干湿拖把、托盘、吸尘器、打蜡机等餐厅卫生用具。

(2)完成地面清洁、湿拖把拖地和干拖把拖地三个环节后,检查地面卫生,保证无卫生死角。

(3)木地板定期打蜡、防潮、防翘边。使用吸尘器对地毯进行吸尘,保证地毯清洁卫生。

(4)用干净抹布擦拭餐厅内墙壁、门窗等,擦拭顺序由上到下、由里及外,确保墙壁、门窗符合卫生要求。

(5)擦拭餐桌、餐椅、托盘,清除灰尘和油污;擦拭服务桌、工作台、屏风、酒柜等,保证其干净整洁。

(6)检查餐厅灯具是否完好,物品放置是否合理和符合卫生要求,地面卫生是否合格,门窗启闭是否灵活,窗帘、门帘是否清洁卫生等。若发现问题,应及时进行调换或做报修处理。

(7)餐厅内播放背景音乐对营造餐厅氛围、体现餐厅服务档次起着重要作用,服务员应能正确使用餐厅音响设备。

(8)使用餐厅空调设备时,将温度控制在体感舒适范围内。一般夏季冷气温度在 24~26 ℃,冬季暖气温度在 18~20 ℃,也可随室外温度变化和顾客要求进行温度调节。

(9)合理进行餐厅绿化、美化装饰和布置,保证空气流通,保持室内空气清新,确保合理的温度和湿度控制,为顾客提供舒适、愉悦的用餐环境。

2. 餐厅环境问题处理

当顾客对餐厅环境提出意见和要求时,应对给顾客带来的不便或不适表示歉意,并及时处理解决。餐厅环境常见问题包括以下几点:

(1)顾客对餐厅环境的合理要求未被满足。例如,地面有水,餐桌或者餐椅有污渍,顾客对餐厅气味过敏等。针对此类问题,需对存在问题的物品或环境进行及时处理或更换、调整,以使顾客满意。

(2)顾客提出个性化的需求。针对此类问题,需要考虑和照顾其他顾客对正常用餐环境的需要,在不影响其他顾客正常用餐的前提下,尽可能满足顾客的个性化需求。

(3)顾客提出不合理的需求。例如,顾客要求在餐厅吸烟,要求调高餐厅背景音乐的音量等。针对此类问题,服务员应先向顾客致歉,说明不能满足其要求的理由,再向其做必要说明和合理的解释。解释时需注意沟通方式,并感谢顾客的理解与配合。

二、物品准备

1. 餐厅物品的检查项目和要求

(1)家具准备。餐厅家具主要包括餐桌、餐椅、转盘、工作台等。

1）餐桌。餐桌排列整齐，间距均匀，留出合理的服务动线空间，并综合考虑餐厅使用率、顾客舒适度、方便服务和台型布局美观等因素。

2）餐椅。一般使用有靠背、无扶手的座椅（高档宴席除外），同时为幼童配备专用儿童椅。

3）转盘。为方便顾客就餐，一般8人以上就餐的圆桌需配备转盘。

4）工作台。工作台又称边台、服务桌等，可分为固定式和移动式两类，用于存放餐用具，也可供上菜、撤菜时临时摆放菜点、酒水。应根据餐厅布局、面积大小，合理布置工作台，达到方便服务、布局美观的目的。

（2）餐具准备。应依据餐厅餐位数量配备数量充足的餐具。餐具包括瓷质的骨碟、味碟、口汤碗、口汤匙、筷架、茶杯、茶碟等；金属类的餐刀、叉、公用匙等；玻璃类的酒水杯等；木制或竹制筷子及筷套等。较常用的餐具，如骨碟、口汤碗的配备数量至少应达到餐位数量的5倍，以保证餐厅撤换餐具或翻台时不会出现短缺情况。餐具配备原则：规格统一、色彩协调、数量充足、无破损、无污痕、无灰尘、无水渍，并经清洁消毒后供顾客使用，使其符合卫生安全的要求和标准。

（3）餐厅布草准备。餐厅布草包括台布、餐巾等，台布、餐巾的色彩、质地应与餐厅的装饰风格、环境、经营档次协调一致，材质一般以纯棉、化纤制品为主。

（4）其他用品准备。其他用品包括牙签筒、调味架、花瓶、菜单、酒水单、台号签、席位牌、冰桶、温酒壶、保温锅、托盘、保温壶、茶壶、茶叶筒、小毛巾、开瓶器、酒钻、点菜单、点菜夹、服务车等。注意确保这些物品数量充足、清洁卫生。

2. 餐厅物品数量及质量检查

服务员需在开餐前对所负责的服务区域及工作项目进行检查，查看物品种类、数量是否符合要求，避免物品不洁、破损或数量不足等情况发生。

模块 2　托盘服务

在餐厅对客服务中，为了卫生和方便，在托运用餐所需各种物品时，需要用到一个重要的工具——托盘。正确使用托盘不但可以提高工作效率，还能美化服务姿态，为顾客营造良好的用餐环境。

一、托盘的种类和用途

1. 托盘的种类

（1）按制作材料划分。托盘分木质的、金属（如银、铝、不锈钢等）的和胶木的等几种。

（2）按托盘的规格划分。托盘可分为大、中、小三种规格的方形、圆形、椭圆形等托盘。

大方形托盘和中方形托盘：用于托运菜点、酒水和盘碟等较重的物品。

大圆形托盘和中圆形托盘：用于斟酒、展示饮品、分菜、送冷饮等。

小圆形托盘：主要用于递送账单、账款、邮件等。

2. 托盘的用途

托盘是餐厅服务中运送各种物品的基本工具，正确选择和使用托盘，既能提高餐厅服务的效率，又能保证操作的卫生。同时，托盘服务也是餐厅专业化服务、规范化服务的要求和体现。

（1）为餐饮服务的物品托运提供便利。
（2）提高餐饮服务的工作效率。
（3）规范餐饮文明，提高服务质量。

二、托盘操作的方法及要求

1. 轻托

轻托又称平托、胸前托，即将托盘平托于胸前，用于托送少量物品或用于上菜、斟酒操作，一般重量在 5 千克左右。轻托一般在前台操作，多直面顾客，因此操作熟练、准确以及服务仪态规范尤为重要。

（1）轻托要领（见图 2-1）

1）左手托盘，左臂自然弯曲成 90°，掌心向上，五指分开。

2）用五个手指指端和手掌根部托住盘底，手掌自然呈凹形，掌根和左手五指指端形成六个"力点"，利用五指的弹性掌握盘面的平稳，重心不与盘心接触。

3）平托于胸前，略低于胸部，位于第二、第三粒衣扣之间，盘面与左手臂呈直角，利于左手腕灵活转向。

4）行走时，头正、肩平、上身挺直，两眼平视前方，步伐轻盈自如。

5）托盘随步伐自然摆动，切勿用大拇指按住盘边。

图 2-1 轻托

（2）注意事项

1）行走时托盘可在胸前略有摆动，但应注意幅度不宜过大。

2）用托盘操作时，要保持重心平稳，不要使托盘侧翻导致物品甚至是汁液洒在顾客身上，亦不可将托盘越过顾客头顶，既不礼貌也不安全。禁止将托盘放在顾客正在就餐的餐桌上。

3）在摆台、斟酒、上菜、撤碟等操作的过程中，托盘中物品的数量、重量及托盘的重心都在变化，所以左手手指应不断调整移动，以控制托盘重心确保平稳。

（3）轻托的基本程序见表 2-1。

表 2-1　　　　　　　　轻托的基本程序

基本程序	操作规范
理盘	将托盘内外清理擦拭干净，金属和木质托盘需在盘内垫上洁净的垫布，阻隔热量并防止物品在盘中滑动。为避免垫布滑动，可将垫布稍稍打湿，同时垫布的大小应和托盘匹配。托盘垫布最好专用，不要混用。胶木防滑托盘可以不用垫布，清洁时用刷子清洗缝隙中的污物，避免高温烘烤和暴晒，以防止塑胶变形或内衬的橡胶层脱落
装盘	装盘的要求是布置合理、安全、美观，便于操作。物品要分类摆放，方便取用。重物、高物、后用物品放在托盘的里侧，轻物、低物、先用的物品放在外侧；先上桌的放在上或前侧，后上桌的放在下或后侧。盘内物品的重量要分布得当，这样装盘才安全稳妥，便于运送
起托	左脚向前迈一步，上身前倾，双腿稍向下蹲，同时将左手掌心向上，置于工作台下方；右手辅助左手将托盘向外拉出三分之二，左手托住盘底，掌握托盘重心，保证其平稳；左手臂的大臂和小臂自然弯曲呈直角，保持标准站姿，将托盘平托于胸前，右臂自然下垂
站立与行走	站立时头正、肩平、上身挺直，两眼目视前方；行走时步履轻快，托盘不贴腹，托托盘的手腕要轻松灵活，臂不靠体，随走路姿势自然摆动。不要用拇指向上按住托盘边缘，这样既不美观又不礼貌

续表

基本程序	操作规范
落托	右脚向前迈进半步,直腰屈膝下蹲,待盘面与桌面齐平时,将托盘的边缘搭在桌面上。右手辅助左手扶住托盘,左手将托盘缓慢向前推进至平稳置于桌上
卸盘	把托盘平稳地放在工作台上后,左右交替取出物品

2. 重托

重托又叫肩上托,是托载较重的菜品、酒水和盘碟的方法。重托的重量一般在 5~10 千克,服务员需有一定的臂力和技巧。

(1) 重托要领(见图 2-2)

1)左手五指伸开,全掌托住盘底中央。

2)在掌握好重心后,用右手辅助将托盘托起至胸前,左手手腕向上转动,将托盘稳托于肩上。

3)托盘上肩要做到底盘不搁肩、盘边缘不近耳、盘后不靠发。

4)右手自然下垂、摆动或扶住托盘的前沿。

图 2-2 重托

（2）注意事项。使用重托运送菜品和收拾餐具时，姿势要正确，距离要适当，不可将汤汁、残羹洒在顾客身上。收拾餐具时，应先将残余的汤汁集中在一只碗或盘中，再将其余餐具分别摆放。对盘中堆物的大小、轻重要调整得当，高物和分量重的往里放。重托操作时要做到平、稳、松。

1）平。把握重心，掌握好托盘的平衡，做到盘平、肩平、物平。托盘不倾斜，行走不摇摆，转动不碰撞，给人一种稳重、踏实的感觉。

2）稳。装盘要合理稳妥，重量要力所能及。

3）松。在托运过程中，动作、表情要轻松自如，上身保持正直，行走自如。

目前很多餐厅不用重托，多用小餐车解决递送重物的问题，这样既安全又省力。但服务员仍应将重托作为基本技能加以练习，以备不时之需。

（3）重托的基本程序见表2-2。

表2-2　　　　　　　　　重托的基本程序

基本程序	操作规范
理盘	同"轻托"理盘
装盘	同"轻托"装盘
起托	双手将托盘拉出台面的三分之一，右手扶住托盘，左手五指分开伸入盘底，用全掌托住托盘底，调整好重心，右手辅助左手将托盘托起至胸前并继续用力将其托至左肩上方，左手手腕向左后方转动90°。保持盘底不搁肩、盘边缘不近耳、盘后不靠发
站立与行走	站立时头正、肩平，上身挺直，两眼目视前方；行走时，步伐不要太大，做到步伐轻盈、平稳自如
落托	站稳后向右前方转动左手手腕，右手辅助左手将托盘平稳下降至胸前，右脚向前一步，屈膝直腰，使左手与台面处于同一平面上，右手辅助将托盘向前轻推，使托盘平稳置于桌面上

模块3 餐巾折花

餐巾折花是餐厅服务员运用折叠等技法,将餐巾折成各种造型,放在水杯中或餐盘内,供顾客在进餐过程中使用的一种操作技能。餐巾折花是餐前的准备工作之一,是一种美化台面的艺术创作,是服务员必须掌握的基本技能之一。

一、餐巾与餐巾花

1. 餐巾

餐巾也称口布,作为餐厅客用卫生用品,不仅实用,还具有美化餐台、烘托用餐环境、增加用餐气氛的作用。

餐巾规格一般为边长40~60厘米的正方形,按材质可分为棉织、亚麻、真丝、化纤、维萨等类型。其中,棉织类餐巾吸水性和触感好,色彩多样,但易褪色,因此可使用的寿命较短,且每次洗涤后需上浆,以保持餐巾的平整和挺括;化纤类餐巾色彩丰富,不易褪色,不需上浆,但触感和吸水性较差;纸质餐巾属一次性用品;维萨餐巾色彩鲜艳,不褪色,触感好,耐用、挺括,且方便洗涤。

餐巾的色彩多样,传统餐巾为白色,此外还有红色、黄色等暖色系,以及绿色、蓝色等冷色系。暖色系让人感觉热烈和兴奋,冷色系则给人带来平静、舒适、凉爽的感觉。

2. 餐巾花

(1) 餐巾花的分类

1) 按折叠方法与摆设工具的不同来分类,可分为杯花和盘花。杯花一般需插入杯中完成造型,取出则散开;盘花造型完整,完成造型后不会自行散开,可放于盘中或台面上。

2）按照餐巾花的造型外观分类，可分为植物、动物、实物三大类。植物类主要以花为主，还包括草、树叶等；动物类多采用飞禽走兽的形象，主要有金鱼、孔雀、长尾鸟等；实物类主要有花篮、扇子等。

（2）餐巾花的摆放要求。一般情况下，杯花多用于中餐服务，盘花多用于各种形式的中餐和西餐服务。摆放餐巾花的时候，要将观赏面朝向顾客席位，相似的花形错开摆放，各种餐巾花之间的距离要均匀，整齐一致。

3. 餐巾折花的注意事项

（1）操作前双手要洗净、消毒。

（2）在干净的大瓷盘中操作，操作时不得用嘴触碰餐巾。

（3）折花时，操作手法要正确，手腕要灵活，用力得当；角度估算要准确，折叠要均匀，力争一次折成；折花要简单美观，拿取方便，造型生动，形象逼真。

（4）折花入杯时，手指不要碰杯口，杯身不得留下指纹。

（5）餐巾折叠放在杯中的高度，以杯上三分之二处为宜。

二、餐巾折花的基本技法

1. 叠

叠即推叠、折叠，是最基本的折花手法，可将餐巾一叠二（见图 2-3）、二叠四（见图 2-4），或者折叠成三角形、正方形、长方形、菱形等。叠时，应熟悉基本造型，看准折缝线和角度，一次叠成，避免反复，否则餐巾留下皱痕，影响造型挺括美观。

2. 推

推是打褶时运用的一种基本手法，包括直推（见图 2-5）和斜推（见图 2-6），可将餐巾折成多层褶皱状。直推时用双手的拇指、食指握紧餐巾，确定好餐巾第一个褶皱的高度，双手中指控制好下一个褶皱的距离（高度），拇指、食指的指肚握紧餐巾向前推折到中指处后,中指移开,去控制下一个褶皱的距离,三个手指互相配合,向前推折。斜推是一手固定所折餐巾的中点不动,另一手按平直推折的方法,围绕中点沿圆弧形折小褶。

图 2-3　一叠二

图 2-4　二叠四

图 2-5　直推

图 2-6　斜推

推折时，操作的台面要干净光滑，拇指、食指紧握褶皱不能松开，中指控制好距离将餐巾向前推折，不能向后拉折。

3. 卷

卷是将餐巾卷成圆筒状或实心卷状的一种方法，分为平行卷和斜角卷。平行卷是将餐巾两头平行卷拢，要求卷筒大小一样；斜角卷就是将餐巾一头固定，只卷一头，或者一头多卷，一头少卷的方法，如图 2-7 所示。

使用卷操作要求卷紧、卷挺，卷松就会容易弯下，显得软弱无力，影响造型美观。

4. 穿

穿是用工具从餐巾的夹层折缝中穿过去，边穿边收，形成褶皱，使造型更加逼真美观的一种方法，工具一般为圆形的筷子。穿时，左手握住折好的餐巾，右手拿筷子，将筷子细的一头穿进餐巾的夹层折缝中，另一头顶在自己身上或桌子上，然后用右手的拇指和食指将餐巾慢慢往里拉，将筷子穿过去，如图 2-8 所示。

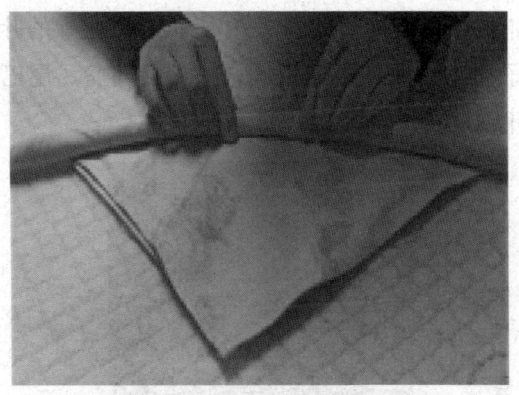

图 2-7 卷

图 2-8 穿

穿时筷子要光滑洁净,褶皱要拉均匀,需双层穿时先穿下层,再穿上层。

5. 翻

翻是将餐巾折卷后的部位翻成所需花样,大都用于折花朵、叶子、鸟翅等。

6. 拉

拉是将餐巾向一定方向牵引的技法,一般在翻的基础上通过拉的手法使餐巾的线条挺括,如图2-9所示。拉花卉的叶子时,要注意对称的叶子大小一致,距离相等;拉鸟的翅膀、尾巴或头时,一定要拉挺,不要软折。

图2-9 拉

7. 捏

捏的方法主要用于折鸟的头部。操作时先将鸟的颈部拉好,然后用一只手的拇指、食指、中指捏住鸟颈的顶端,食指向下,将餐巾一角的顶端尖角向里压下,使鸟头造型棱角分明,拇指和中指将压下的角捏出尖嘴,如图2-10所示。

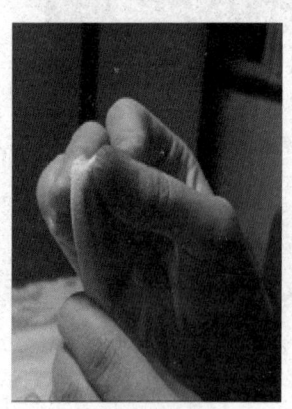 

图2-10 捏

三、餐巾折花花形图例

1. 双叶荷花（见图2-11）

（1）将餐巾对折成长方形。

（2）将餐巾再次对折成正方形。

（3）将第一层、第二层餐巾角沿着对角线向下折。

（4）将反面两个餐巾角也沿着对角线折叠，呈三角形。

（5）从三角形的一直角边开始推折。

（6）将推折好的花形用虎口握住。

（7）将四个叶片翻拉出来。

（8）整理叶片。

（9）整理好后放在玻璃杯内，大拇指置于叶片上方，其余四指置于叶片下方，沿着叶片向叶尖方面刮出弧形，形成荷叶花瓣形状。

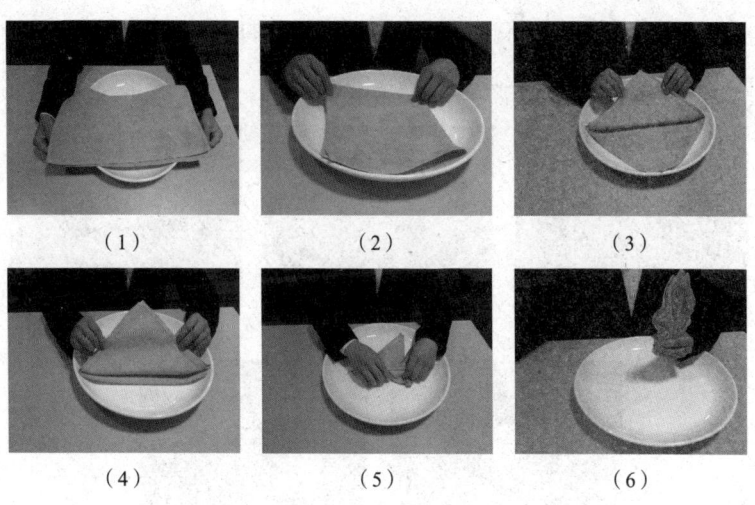

（1）　　　　　　（2）　　　　　　（3）

（4）　　　　　　（5）　　　　　　（6）

(7)　　　　　　　　(8)　　　　　　　　(9)

图 2-11　双叶荷花

2. 四尾金鱼（见图 2-12）

（1）将餐巾对折成长方形。

（2）将餐巾再次对折成正方形。

（3）沿着对角线从中间向两边推折。

（4）在折褶处五分之二的位置折叠。

（5）整理头部，将金鱼头部用双手撑开，像卷衣袖一样向外卷一层。

（6）整理尾巴，将金鱼的四片尾巴均匀打开。

（7）整理好后放入玻璃杯内。

(1)　　　　　　　　(2)　　　　　　　　(3)

(4)　　　　　　　　(5)

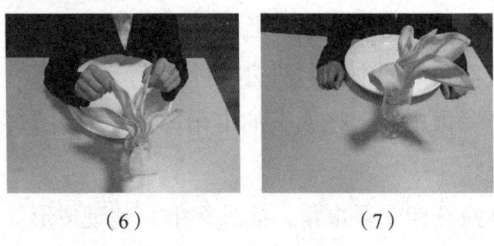

(6) (7)

图 2-12 四尾金鱼

3. 雨后春笋（见图 2-13）

（1）将餐巾对折成长方形。

（2）将餐巾再次对折成正方形。

（3）菱形放置，四层餐巾角朝上，逐层翻折。

（4）左右两边向背面中心卷折。

（5）插入水杯，将四个餐巾角翻下如塔层。

图 2-13 雨后春笋

4. 春芽四叶（见图 2-14）

（1）将餐巾对折成长方形。

(2)将餐巾再次对折成正方形。

(3)沿着对角线从中间向两边推折。

(4)握住餐巾中心,将朝下的巾角向上翻折并包住餐巾,使四个餐巾角均朝上。

(5)对称拉开四个餐巾角,插入杯中,整理成形。

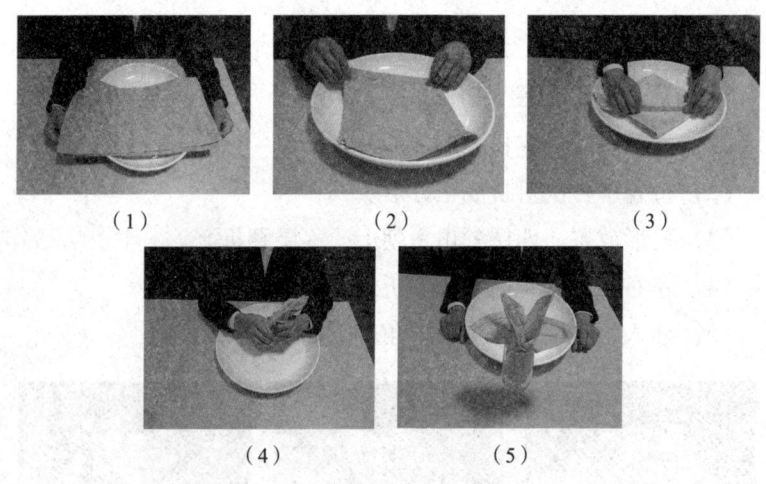

图 2-14 春芽四叶

5. 马蹄花开(见图 2-15)

(1)将餐巾对折成三角形。

(2)由下往上卷。

(3)一高一低对折,再从 5~6 厘米处向反方向翻折。

(4)翻开卷着的餐巾角,放入杯中,整理成形。

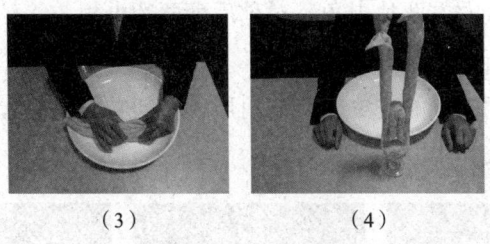

（3） （4）

图 2-15 马蹄花开

6. 丹枫迎秋（见图 2-16）

（1）将餐巾反面朝上对折，餐巾角微微错开。

（2）将餐巾再次对折，此时四个餐巾角都是错开的。

（3）从中间向两边均匀推折。

（4）左手握住餐巾中心，将朝下的餐巾角向上翻折并包住餐巾。

（5）放入杯中，整理成形。

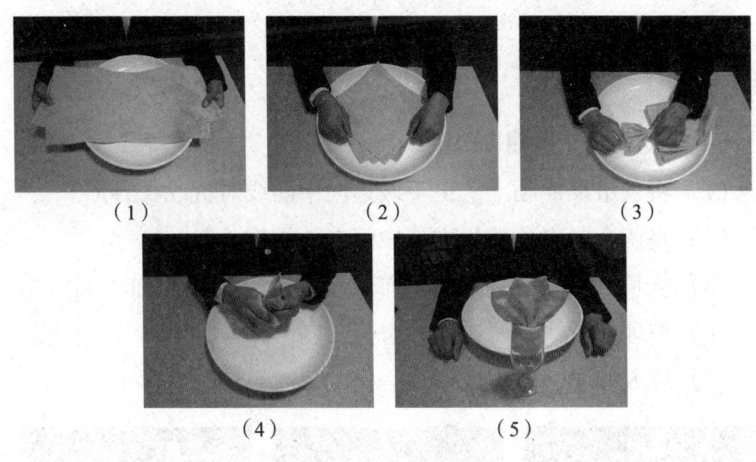

（1） （2） （3）

（4） （5）

图 2-16 丹枫迎秋

7. 仙人合掌（见图 2-17）

（1）将餐巾对折成长方形。

(2) 下翻左右两片巾角,对称后翻两片巾角。
(3) 对折成三角形。
(4) 运用斜推的技法,将三角形顶角朝右折成仙人掌形状。
(5) 放入杯中,整理成形。

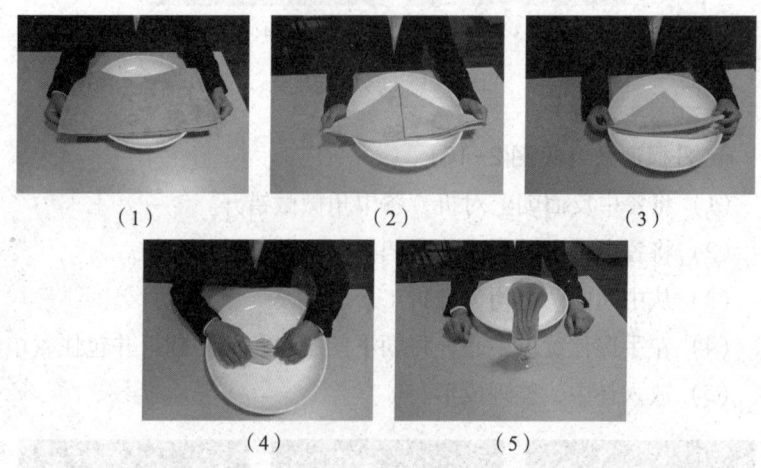

图 2-17 仙人合掌

8. 龙须蝴蝶(见图 2-18)

(1) 将餐巾反面朝上,上下两边向中间线对折成长方形。
(2) 将四个餐巾角从长方形中间向外翻折。
(3) 从长方形的一头开始向前卷起,卷至中间部位向前折褶。
(4) 整理好折褶将两边向下对折。
(5) 放入杯中,整理成形。

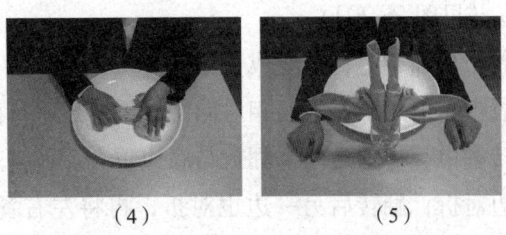

图 2-18 龙须蝴蝶

9. 孔雀开屏（见图 2-19）

（1）将餐巾正面朝上，呈菱形放置，将餐巾向靠近菱形顶角部位压折成第一层，与菱形顶角间距 10 厘米左右。

（2）将朝下的巾角向上翻折。

（3）将朝上的餐巾角再向下翻折成第二层，第一层与第二层相距 1~2 厘米。

（4）从中间向两边推折。

（5）握住餐巾，拉出夹缝中的餐巾捏做孔雀头。

（6）装入杯中，整理成形。

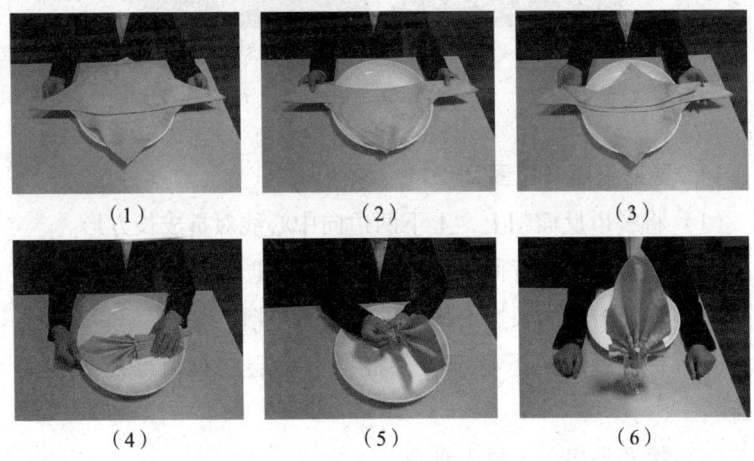

图 2-19 孔雀开屏

10. 皇冠（见图2-20）

（1）将餐巾反面朝上，折叠成长方形。

（2）将餐巾右上角与左下角相对向中线翻折成平行四边形。

（3）翻转餐巾，将上边向下翻折与底边重合。

（4）一边对折，翻转后另一边也对折，再将左右餐巾角分正反面插入夹层。

（5）将餐巾底部抻开成圆形，放入盘中。

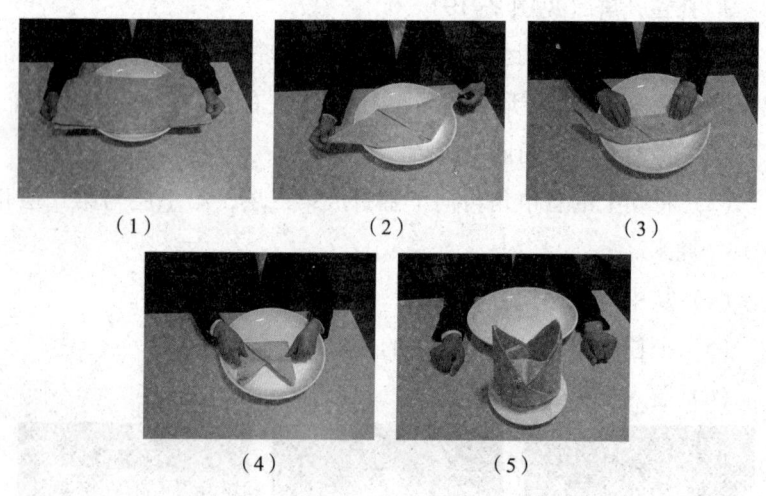

图2-20　皇冠

11. 星形扇面（见图2-21）

（1）将餐巾反面朝上，上下两边向中心线对折成长方形。

（2）将长方形向背面对折形成新的长方形。

（3）在长方形的长边上均匀推折出5个褶。

（4）握住餐巾的下半部分，将餐巾叠层的折角部位分别向下翻折。

（5）撑开呈扇形，放入盘中。

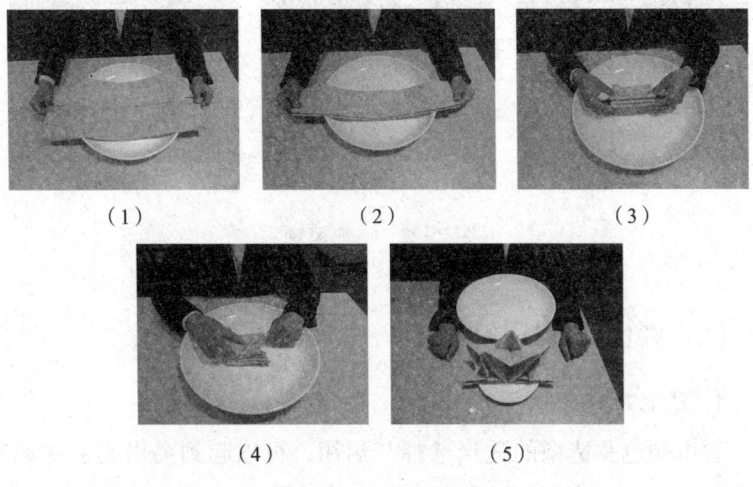

图 2-21 星形扇面

12. 一帆风顺（见图 2-22）

（1）将餐巾对折成长方形，再对折成正方形。
（2）将四个餐巾角依次向上折，距离 1~2 厘米。
（3）将三角形两边向内对折于中线，并将多余部分向后翻折。
（4）左右反向对折。
（5）拉出四个餐巾角做帆。
（6）整理成形，放入盘内。

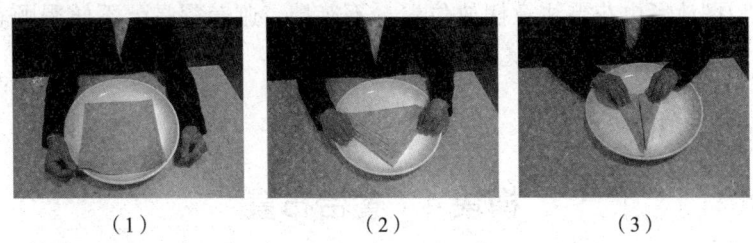

　　（4）　　　　　　（5）　　　　　　（6）

图 2-22　一帆风顺

四、餐巾花的摆放要求

1. 花形对应餐位

餐巾颜色及造型的适当选择与运用，可以起到突出宴会主题和标志主人席位的作用。不同花形标志宾主席位，一般选用高花突出主位，副主位为次高花，选用比较精致的花形突出主宾位。

2. 观赏面朝向顾客

餐巾折花花形摆放可起到烘托用餐氛围、美化餐台、愉悦顾客的效果，但要注意餐巾花摆放时花形的观赏面要朝向顾客。

3. 花形交错摆放

摆放餐巾花时，相邻顾客的花形一般为动物类花形和植物类花形交错摆放，或不同高度花形交错摆放，以带给顾客错落有致的美感。

4. 注意摆放位置

摆放餐巾花需注意摆放位置，不遮挡、遮盖餐具，不妨碍顾客用餐和服务员操作。

模块 4　餐台布置

　　餐台布置又称铺台、摆台，是指将餐具以及辅助用品按照一定的规格,整齐、美观地铺设在餐桌上的操作过程。餐台布置是餐厅服务员的基本功,也是宴会设计的重要内容。

一、餐台及台布

1. 餐台

餐厅中常见的中餐餐台有方台和圆台两种,如图 2-23 所示,4 位以下顾客就餐多选用方台,圆台一般用于 4 位及以上顾客就餐。餐台有形状和大小的不同,需根据就餐人数选择合适的餐台。

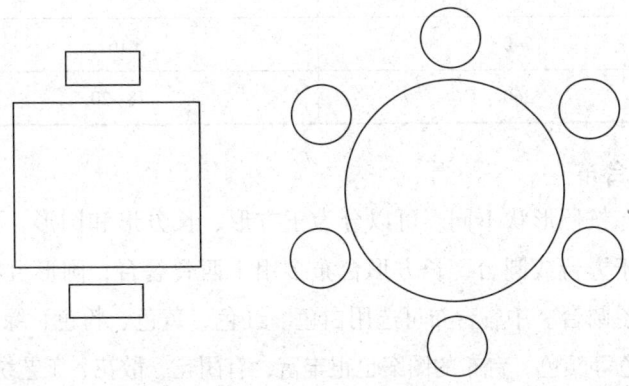

图 2-23 中餐方台与中餐圆台

(1)方台。方台可分为 3 种规格,分别是边长 90 厘米、100 厘米和 110 厘米。其中,边长 110 厘米的方台可用于正式宴会 4 人台。

(2)圆台。圆台高度一般为 70~80 厘米,根据圆台直径的大小可分为 120 厘米、140 厘米、160 厘米、180 厘米、200 厘米、220 厘米、240 厘米、260 厘米等不同规格,分别对应 4 人桌、6 人桌、8 人桌、10 人桌、12 人桌、14 人桌、16 人桌和 18~20 人桌,见表 2-3。

表 2-3　　　　　　　　　不同圆台规格对应顾客数

圆台规格（厘米）	顾客（位）
120	4
140	6
160	8
180	10
200	12
220	14
240	16
260	18~20

2. 台布

台布按照形状不同，可以分为正方形、长方形和圆形，正方形台布用于方台或圆台，长方形台布多用于西餐餐台，圆形台布主要用于中餐圆台。中餐台布可选用白色、红色、黄色、粉色、绿色、棕色、蓝色等颜色。台布的图案也很丰富，有团花、散花、工艺绣花等。

（1）圆形台布。根据圆台直径和下垂长度选用合适大小的台布，一般选用大于餐台直径 60 厘米的圆形台布，使台布铺于餐台上时，在圆周下垂 30 厘米。例如，若选用直径 200 厘米、高度 80 厘米的圆台，则需搭配选用直径 260 厘米规格的台布。

（2）方形台布。中餐厅经常使用的方形台布有边长 140 厘米、160 厘米、180 厘米、200 厘米、220 厘米、240 厘米、260 厘米等规格，分别适用于边长 90 厘米、100 厘米和 110 厘米、150 厘米和 160 厘米、170 厘米、180 厘米和 200 厘米、220 厘米、240 厘米的方台，见表 2-4。

表 2-4　　　　　　　方形台布对应方台边长

方形台布边长（厘米）	方台边长（厘米）
140	90
160	100、110
180	150、160
200	170
220	180、200
240	220
260	240

二、铺台布

1. 准备工作

检查台布是否干净，是否有褶皱、破洞、油迹、霉迹等，若不符合要求则进行调换。

2. 铺台布位置

铺台布时，拉开主人位餐椅，站在主人位操作。

3. 铺台布方法

铺台布常用的方法有推拉式、抖铺式、撒网式三种，具体操作方法和要求见表 2-5。

表 2-5　　　　　　　铺台布操作方法及要求

铺台布的方法	操作方法	适合场所	铺设要求
推拉式	用双手将台布打开后放至餐台上，保持台布正面向上，左右两手捏住台布的一边，将台布贴着餐台平行推出去的同时再拉回来（视台布中心与餐台的中心而定，动作不能过快）	多用于空间狭小处或顾客在餐台周围等候用餐时	铺设后的台布正面向上，中心线对准主位、副主位，十字中心点居于餐桌中心；四巾角下

续表

铺台布的方法	操作方法	适合场所	铺设要求
撒网式	用双手将台布打开，保持台布正面向上，右脚在前、左脚在后，双手将打开的台布均匀打折、提拿起来至胸前，双臂与肩平行，上身向左转体，下肢不动并在右臂与身体回转时，将台布斜着向正前方撒出去；将台布抛至前方时，上身转体回位，并恢复至正位站立，然后调整台布	多用于宽大场地或技术比赛场合	垂分布均匀，不可拖地；铺好的台布应舒展平整，无褶皱。规格较高的宴会还要围上桌裙
抖铺式	用双手将台布打开，平行打折后将台布提拿在手中，身体呈正位站立式，利用双腕的力量，将台布向前一次性抖开，并平铺于餐台上	多用于空间宽敞处或周围没有顾客时	

三、中餐宴会摆台

根据餐别，中餐摆台分为便餐摆台和宴会摆台。中餐宴会往往采用圆台，在安排桌次时，主桌可以略大。餐桌进行布局时要突出主桌，一般放在面向餐厅主门能够总览全厅的位置，也可放在餐厅中心位置，其他餐桌合理有序排列。排列的原则：中心第一，先右后左（右边的顾客身份比左边的高），高近低远（身份高的顾客离主人近，身份低的顾客离主人远）。中餐宴会通常摆设10个席位，寓意十全十美。

中餐宴会需根据就餐人数、进餐需要、菜单编制和宴会标准配备中式餐用具。各种餐具、酒具、服务用具与餐巾间距适当，美观大方，整齐一致，相对集中地摆放在每位顾客就餐席位前。

1. 摆台要求与标准

服务员在操作前，要将双手洗净消毒，然后对所需用的餐具、酒具、用具及各种物品进行检查，不得使用不干净、残损的餐具、酒具。

中餐宴会摆台通常以 10 人为标准，使用直径 180 厘米的餐台，摆放各种餐具、酒具要相对集中，配套使用，摆放时距离要均等，图案花纹、标志要对正，做到清洁卫生，整齐美观，符合规范标准，方便顾客使用。

2. 准备物品

以 10 人位宴会摆台需用的餐具、酒具、各种物品为例，摆台物品准备见表 2-6。

表 2-6　　　　中餐宴会 10 人位标准摆台物品准备

序号	品名	规格（厘米）	数量	备注
1	中餐圆台	直径 180	1 张	
2	台布	220×220	1 块	
3	餐椅		10 把	
4	餐巾	50×50	10 块	
5	防滑托盘	40×40	2 个	
6	骨碟		12 个	
7	味碟		10 个	
8	汤碗		10 个	
9	汤匙		10 把	
10	葡萄酒杯		10 个	
11	白酒杯		10 个	
12	水杯		10 个	
13	筷架		10 个	
14	筷子		12 双	
15	公用勺		2 把	不锈钢
16	牙签盅		2 个	
17	烟灰缸		5 个	

注：烟灰缸可视宾客需要提供。

3. 摆台顺序及规则

确认宴会配置餐具、酒具与用具的品种与数量后，每位顾客的餐用具摆放顺序原则为：餐盘定位，先左后右，先里后外，先中心后两边。

（1）摆放餐用具（五盘法）。将餐用具按照摆台程序分五盘依次码放在有垫布的托盘内，用左手将托盘托起，从主人位开始，按顺时针方向依次用右手摆放餐用具。中餐宴会摆台效果如图2-24所示，餐用具摆放效果如图2-25和图2-26所示。

图2-24 中餐宴会摆台效果

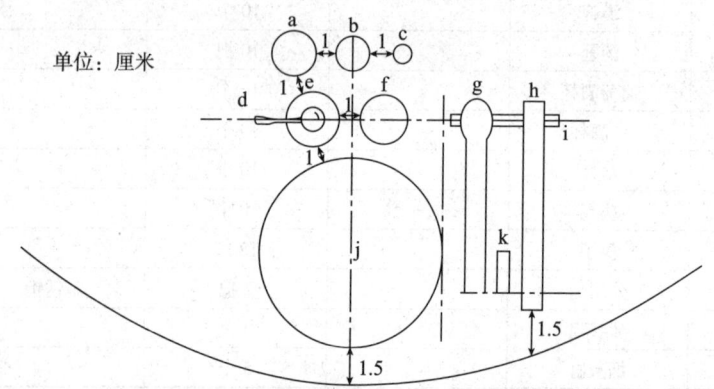

图2-25 中餐宴会餐用具摆放效果（一）
a—水杯（餐巾花） b—葡萄酒杯 c—白酒杯 d—汤匙 e—汤碗 f—味碟
g—席面羹 h—筷子 i—筷架 j—餐盘（或装饰盘） k—牙签

第2单元 餐前准备

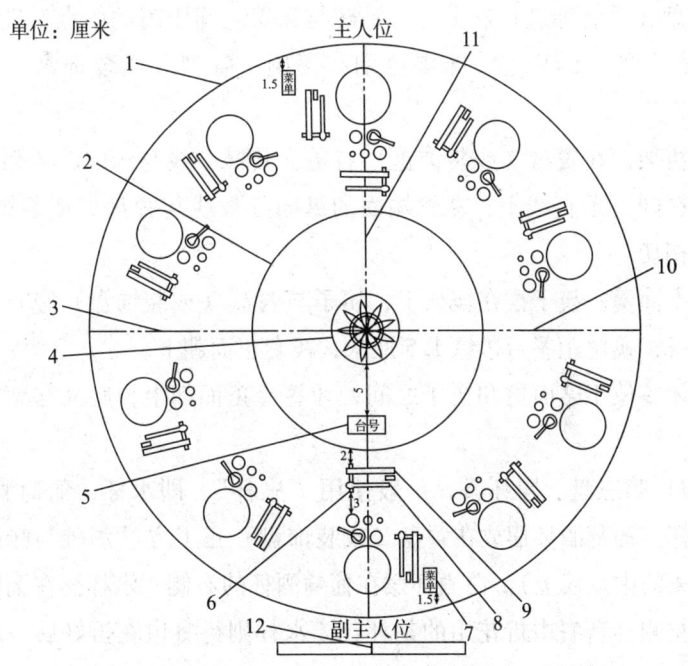

图2-26 中餐宴会餐用具摆放效果(二)
1—餐桌 2—转台 3—台布横凸线 4—花台 5—台号 6—公用筷架
7—菜单 8—公用勺 9—公用筷 10—台布横凹线
11—台布纵凸线 12—大门

1) 第一盘。餐盘(或装饰盘)定位。一般宴会只需放餐盘(又称骨盘),高档宴会需摆放装饰盘。从主人位开始按顺时针方向一次性定位摆放餐盘(或装饰盘),餐盘(或装饰盘)边沿距餐台边缘1.5厘米;每个餐盘(或装饰盘)之间的间隔要相等,与相对的餐盘(或装饰盘)、餐台中心点三点成为一条直线。

2) 第二盘。摆汤碗、汤匙、味碟、筷架、席面羹、筷子、牙签。汤碗摆放在餐盘(或装饰盘)左上方1厘米处,汤匙放置于汤碗中,匙把朝左,与餐盘(或装饰盘)水平中心线平行,味碟摆放

·51·

在餐盘（或装饰盘）右上方。汤碗与味碟之间距离的中点对准餐盘（或装饰盘）的中心，味碟分别与汤碗、餐盘（或装饰盘）相距1厘米。

筷架摆在餐盘（或装饰盘）右边，其横中线与汤碗、味碟的横中线在同一条直线上，左侧端面的纵向延长线与餐盘（或装饰盘）右侧相切。

席面羹、筷子摆在筷架上，筷子与餐盘（或装饰盘）竖直中心线平行，筷尾距餐台边缘1.5厘米，筷套正面朝上。

牙签位于席面更和筷子之间，牙签套正面朝上，底部与席面更平齐。

3) 第三盘。摆杯具，一般使用"三杯"，即水杯、葡萄酒杯、白酒杯。葡萄酒杯摆放在餐盘（或装饰盘）正上方（汤碗与味碟之间距离的中点线上）。白酒杯摆在葡萄酒杯的右侧，水杯摆在葡萄酒杯的左侧（若餐巾折花用的是杯花，水杯则待餐巾花折好后一起摆上桌）。三只杯子的杯肚之间间隔1厘米，三只杯子的杯底中点在一条直线上，该直线与相对两个餐盘（或装饰盘）的中点连线垂直。

4) 第四盘。餐巾折花、摆餐巾花。折十种不同造型的杯花，每种餐巾花使用三种以上技法；正、副主人位花型突出；有头、尾的动物造型应头朝右，主人位除外（头部朝向副主人位）；餐巾花观赏面朝顾客，主人位除外；餐巾花挺拔、造型美观、款式新颖。

摆餐巾花时，水杯肚距离汤碗边沿1厘米，同时与葡萄酒杯杯肚间隔1厘米；摆杯手法正确（手拿杯柄，手不触及杯口及杯的上部），手法卫生。

5) 第五盘。摆公用餐用具。公用筷架分别摆放在主人位和副主人位水杯正前方，筷架下端距水杯肚下沿切点3厘米，筷架上端距离转台边沿2厘米。公用勺、公用筷置于公用筷架上，勺在下，筷在上，勺柄、筷子尾端朝右。

（2）摆烟灰缸。从主人位右侧开始，每隔两个座位摆放一个，烟灰缸前端应与水杯外切线平行，烟道要朝向两侧的顾客。

（3）摆台号、菜单、席位卡。台号摆放在花台正前方、面对副主人位，距离花台 5 厘米。菜单分别摆放在正、副主人位的筷架右侧，位置一致，菜单右尾端距离餐台边缘 1.5 厘米。如设席位卡，则摆放在每位顾客的三只杯子外侧，距水杯肚下沿切点 3 厘米处，且正对该餐位椅背。需要注意，如设席位卡，则正、副主人位前不设公用餐用具。

（4）摆餐椅。餐椅的正中对着餐盘的中心，椅座边沿距餐桌台布 1 厘米。

（5）检查、美化餐台。开宴前 1 小时按照宴会标准摆台完毕，要求：台面美观典雅；装饰布、桌裙、台布铺设平整、美观；餐用具、餐巾、台号、菜单、席位卡等摆放整齐、规范、无损坏；餐巾花挺括、形象逼真，全场摆放一致；转台旋转灵活；席位卡正确；花草鲜艳、清洁卫生、无异味。

需要注意的是由于各地的饮食习惯不尽相同，使用餐用具不同，中餐宴会摆台的内容、方法与程序也不完全一样，可以因地制宜进行创新。

四、中餐便餐摆台

便餐有两种形式，一种是包餐，另一种是零点。包餐的标准固定、餐桌固定，一般是 10 人一桌，座位无主次之分；零点则不固定桌次，由顾客任选座位。

1. 摆台的要求与标准

便餐摆台与宴会摆台的要求、标准大体相同，铺台时除了要根据餐厅的装饰布局定好位置外，在同一餐厅内餐台的台布中线鼓缝横竖还应朝向一致，以达到整齐、美观的效果。

2. 准备物品

便餐摆台应按餐厅的档次和经营的特点准备各种物品，一般有骨碟、汤碗、瓷勺、勺垫、水杯、筷子架、筷子、牙签、餐巾纸、茶碟、茶碗、烟灰缸等。

3. 餐用具摆放顺序

摆放顺序一般为骨碟、汤碗、瓷勺、水杯、筷架、筷子、牙签、茶碟、茶碗等，烟灰缸可以不摆，视顾客需要提供。中餐便餐餐台应摆放一些相应的用具，如台花、台号等。台花应摆放在餐台正中，台号摆在台花下方，面向餐厅大门。

4. 餐用具摆放规则

（1）早餐摆台

1）摆骨碟、汤碗和瓷勺。骨碟摆在座位正前方，距离餐台边缘1厘米；汤碗摆在骨碟左前方，瓷勺放在汤碗内，勺把朝左。

2）摆筷架和筷子。筷架放在餐碟右上方，筷子放在筷架上，图案、标识要对正，筷柄距餐台边缘1厘米。

3）摆牙签。牙签摆在筷子的里侧。

（2）午餐、晚餐摆台。午餐、晚餐的餐具摆放与早餐基本相同，只需增加一个水杯，水杯内放入餐巾或餐巾纸，摆放在骨碟正前方，骨碟右侧摆上茶碟和茶碗，茶碗扣放在茶碟内。其他餐具、酒具及公用餐具应等顾客入座后，根据需要随时增加。

（3）4人位零点方台摆台。方台和圆台餐、酒具的摆放大体相同，不同之处是公用餐具摆在主人位右侧，公用勺和公用筷斜放在公用碟内，勺与筷子相距1厘米，筷子在里，勺在外；调味架或酱油壶、醋壶放在副主人位右侧，酱油壶、醋壶的壶嘴朝向桌心，壶柄朝外；牙签盅放在酱油壶、醋壶的里侧，相距2厘米；烟灰缸的架烟槽分别朝向两侧顾客。4人位零点方台摆台如图2-27所示。

第 2 单元　餐前准备

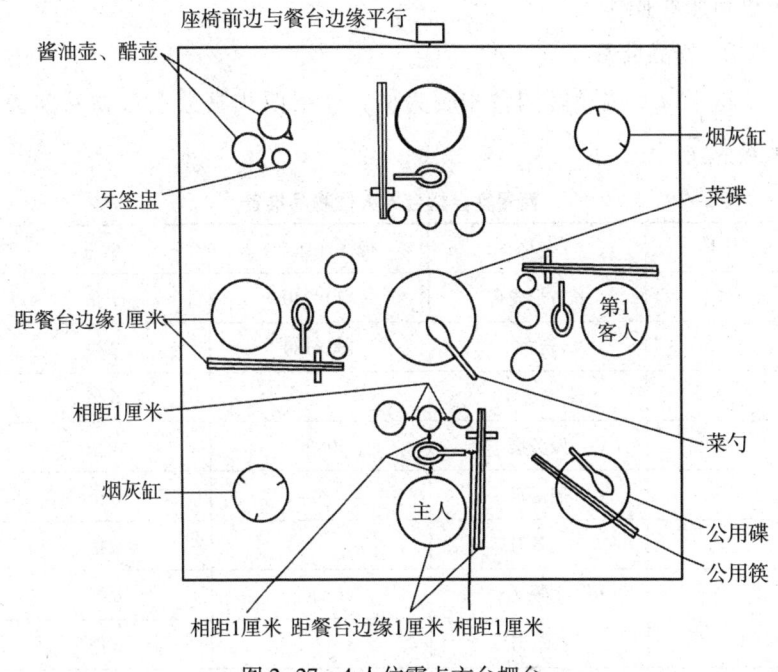

图 2-27　4 人位零点方台摆台

五、西餐宴会摆台

西餐主要是对欧美各国菜点的统称。西餐摆台一般使用方台、长方台，就餐方式实行分餐制。摆台时，根据就餐类型不同桌上的摆设也不同，可以分为西餐便餐摆台和西餐宴会摆台。

1. 具体要求

（1）根据西餐服务的需要合理安排餐台。

（2）准确安排宾主座次。

（3）餐用具摆放合理，位置准确，距离均等。

（4）折叠餐巾盘花，突出主位。

（5）整体效果协调规范，符合卫生要求，方便顾客用餐和服务

· 55 ·

员进行服务操作。

2. 物品准备

这里以6位顾客同台用餐为例，介绍西式宴会摆台物品准备，见表2-7。

表2-7　　　　西餐宴会摆台6人位物品准备

序号	名称	规格（厘米）	数量
1	长方形餐台	120×240	1张
2	台布	180×180	2块
3	餐椅		6把
4	服务桌	50×80	1张
5	展示盘	30	6个
6	主餐刀		6把
7	主餐叉		6把
8	头盘刀		6把
9	头盘叉		6把
10	汤匙		6把
11	鱼刀		6把
12	鱼叉		6把
13	面包盘	直径12	6个
14	黄油刀		6把
15	黄油碟		6个
16	甜点叉		6把
17	甜点匙		6把
18	水杯		6个
19	红葡萄酒杯		6只

续表

序号	名称	规格（厘米）	数量
20	白葡萄酒杯		6只
21	花瓶		1个
22	椒盐瓶		2副
23	蜡烛台		2个
24	烟灰缸		2个
25	托盘	直径50	2个
26	餐巾	50×50	6块
27	冰水壶		1只
28	红酒篮		1只

3. 西餐宴会摆台操作步骤

（1）铺台。宴会铺台要根据餐台面积选用适当的台布，台布应干净平整，无破损。西餐长台铺台时，一般都要两人合作。铺一字形台时，服务员站在餐台长侧边，将台布横向打开，双手捏住台布一侧边，将台布送至餐台另一侧，然后将台布从餐台另一侧向身体一侧慢慢拉开。铺台完成后，检查台布中线股缝是否向上，四周下垂部分是否均等。较大一字形台、U形台或T形台，需要几块台布拼铺在一起。拼铺时，要求两块或多块台布的股缝方向一致，连接的台布边缘要重叠，台布下垂部分要平行且长短一致。

（2）摆展示盘。展示盘摆放在餐位正前方，距餐台边缘1厘米处，展示盘上如有店徽或图案，则店徽或图案必须保持在正上方的位置。

（3）摆面包盘、黄油碟。面包盘摆放在展示盘左侧10厘米处，面包盘与展示盘的中心轴取齐。黄油碟摆在面包盘左前方，距面包盘 1.5 厘米，图案摆正。

（4）摆主餐刀、鱼刀、汤匙、头盘刀。主餐刀摆放在展示盘右侧，距展示盘 1 厘米，刀刃向左，柄端距餐台边缘 1 厘米。鱼刀、汤匙、头盘刀摆放间距 0.5 厘米，柄端距餐台边缘 1 厘米，刀刃向左，勺面向上。

（5）摆主餐叉、鱼叉、头盘叉。展示盘左侧 1 厘米处摆放主餐叉，叉柄端距餐台边缘 1 厘米。摆放鱼叉时，鱼叉柄距餐台边缘 5 厘米，叉头向上突出。头盘叉叉面向上，叉柄与主餐叉平行。

（6）摆甜点叉、甜点匙。甜食叉摆放在展示盘正上方，叉头向右，与展示盘相距 1 厘米。甜食勺放在甜食叉上方，与叉平行，勺头向左，与甜食叉叉柄相距 0.5 厘米。

（7）摆黄油刀。黄油刀放在面包盘上，刀刃向左，黄油刀中心与面包盘中心线吻合，刀柄朝下方，与其他刀叉平行。

（8）摆水杯。水杯摆在主餐刀的上方，杯底中心在主餐刀中心线上，杯底距主餐刀 2 厘米。红葡萄酒杯摆在水杯右下方，杯底中心与水杯杯底中心的连线与餐台边缘成 45°角，杯壁间距 0.5 厘米。白葡萄酒杯摆在红葡萄酒杯右下方，其他标准同上。

（9）折、摆餐巾花。双手消毒，在工作台干净的大瓷盘中完成餐巾花折叠，将折叠好的餐巾花摆放在展示盘正中位置。餐巾花造型要美观大方，突出主位，餐巾颜色统一，卫生洁净。

（10）摆花瓶、椒盐瓶。餐台中央摆放花瓶、椒盐瓶，以左椒右盐对称摆放，瓶壁相距 0.5 厘米，瓶底距花瓶底 2 厘米。烟灰缸距花瓶底 2 厘米。餐台上所有餐具摆放要均匀、对称、美观。

（11）围摆餐椅。餐椅距自然下垂的台布 1 厘米，与展示盘对正。

摆台完毕后，所形成的餐具用品位置如图 2-28 所示。

单位：厘米

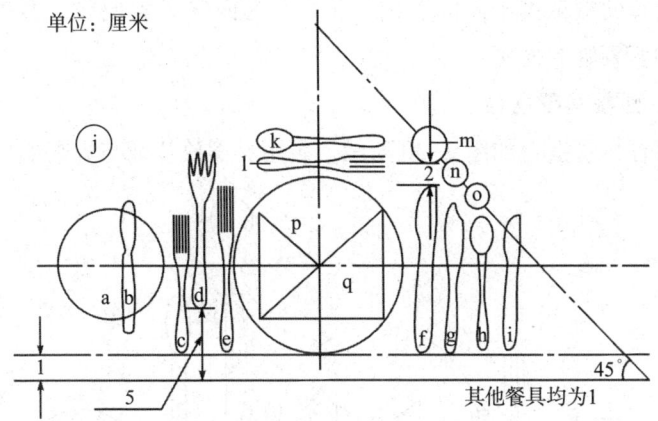

图 2-28　餐具用品位置

a—面包盘　b—黄油刀　c—头盘叉　d—鱼叉　e—主餐叉　f—主餐刀　g—鱼刀
h—汤匙　i—头盘刀　j—黄油碟　k—甜点匙　l—甜点叉　m—水杯
n—红葡萄酒杯　o—白葡萄酒杯　p—展示盘　q—餐巾花

六、西餐便餐摆台

　　西餐便餐通常有英式、美式、欧陆式和自助式等多种不同形式。摆台时可根据菜单内容，在通常摆放的餐用具之外增添一些专用餐用具。西餐便餐台摆台有铺设台布和不铺设台布两种方法。不铺设台布的通常做法是在餐桌上摆放餐用具垫布、餐用具垫纸或搭布。除台布外，西餐便餐摆台所需主要餐用具还包括装饰盘、餐刀、餐叉、汤匙、面包盘、黄油刀、咖啡杯具、水杯、餐巾花、公用物品等。一般摆台程序如图 2-29 所示。

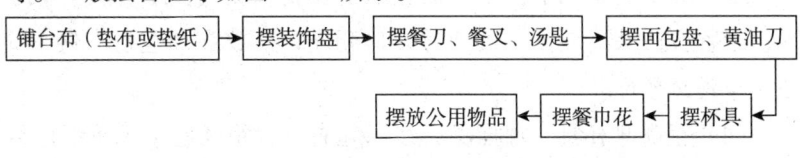

图 2-29　西餐便餐摆台程序

西餐便餐依据不同的餐别,又可分为西餐早餐便餐、西餐午餐便餐和西餐晚餐便餐。

1. 西餐早餐摆台

西餐早餐摆台如图 2-30 所示。餐用具摆放步骤与规则如下:

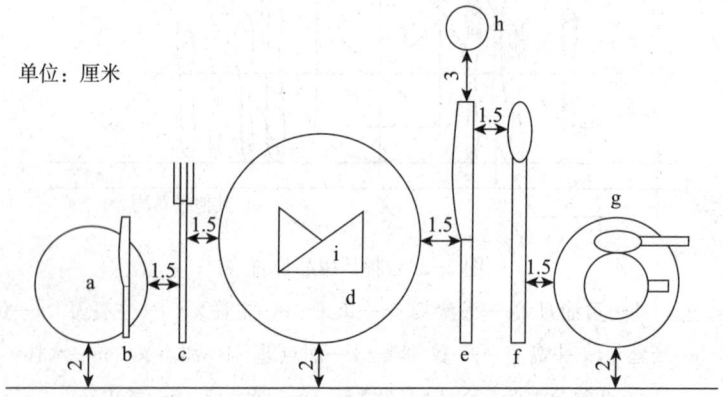

图 2-30 西餐早餐摆台

a—面包盘 b—黄油刀 c—餐叉 d—装饰盘 e—餐刀 f—汤匙
g—咖啡杯具 h—水杯 i—餐巾花

(1)摆装饰盘。装饰盘摆放在每个餐位的正中位置,并与餐台边缘相距 2 厘米。

(2)摆餐刀、餐叉、汤匙。装饰盘的左侧摆放餐叉;右侧放餐刀,刀口朝向装饰盘方向;汤匙摆放在餐刀的右侧。餐刀、餐叉分别距装饰盘 1.5 厘米,餐刀与汤匙之间的距离也是 1.5 厘米,刀、叉、匙的下端在一条直线上,距餐台边缘 2 厘米。

(3)摆面包盘与黄油刀。面包盘摆在餐叉左侧,距餐叉 1.5 厘米,距餐台边缘 2 厘米。黄油刀刀口朝左,摆放在面包盘右侧 1/3 处,与餐叉平行。

(4)摆咖啡杯具。咖啡碟放在汤匙右侧,距汤匙 1.5 厘米,距餐台边缘2厘米;咖啡杯放在咖啡碟上;咖啡匙摆放在咖啡碟内、咖啡杯前端,杯把和匙柄朝右。

(5)摆水杯。水杯位于餐刀正上方3厘米处。

(6)摆餐巾花。将折叠好的餐巾花摆放在装饰盘的中心位置。

(7)摆放公用物品。花瓶、椒盐瓶、奶盅和糖盅摆放在餐台的中心位置。

2. 西餐午餐摆台

西餐午餐摆台如图2-31所示。餐用具摆放步骤与规则如下:

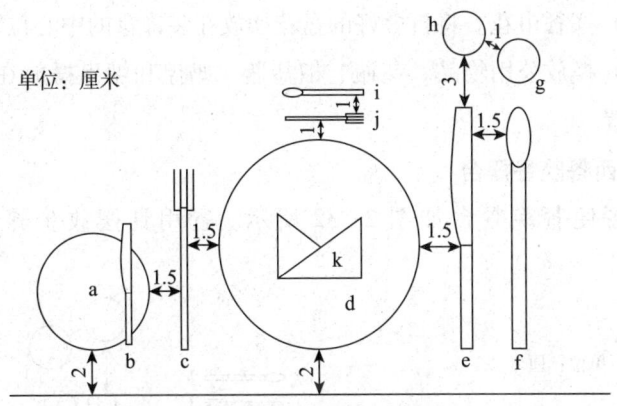

图2-31 西餐午餐摆台

a—面包盘 b—黄油刀 c—餐叉 d—装饰盘 e—餐刀 f—汤匙
g—葡萄酒杯 h—水杯 i—甜点匙 j—甜点叉 k—餐巾花

(1)摆装饰盘。装饰盘摆放在每个餐位的正中位置,并与餐台边缘相距2厘米。

(2)摆餐刀、餐叉、汤匙。装饰盘的左侧摆放餐叉;右侧摆放餐刀,刀口朝向装饰盘方向;汤匙摆放在餐刀的右侧。餐刀、餐叉分别距装饰盘1.5厘米,餐刀与汤匙之间的距离也是1.5厘米,刀、叉、匙的下端在一条直线上,距餐台边缘2厘米。甜点叉位于装饰盘正上方1厘米处,横向放置,叉柄朝左;甜点匙位于甜点叉之上,匙柄朝右,与甜点叉相距1厘米。

(3)摆面包盘与黄油刀。面包盘摆在餐叉左侧,距餐叉1.5厘米,距餐台边缘2厘米。黄油刀刀口朝左,摆放在面包盘右侧1/3处,与餐叉平行。

(4)摆水杯、葡萄酒杯。水杯位于餐刀正上方3厘米处,葡萄酒杯与水杯相距1厘米。两杯成为一条斜直线,与餐台边缘约成45°角。操作时,注意手持杯柄。

(5)摆餐巾花。将折叠好的盘花摆放在装饰盘的中心位置。

(6)摆放公用物品。花瓶、椒盐瓶、奶盅和糖盅摆放在餐台的中心位置。

3. 西餐晚餐摆台

西餐便餐晚餐台如图2-32所示。餐用具摆放步骤与规则如下:

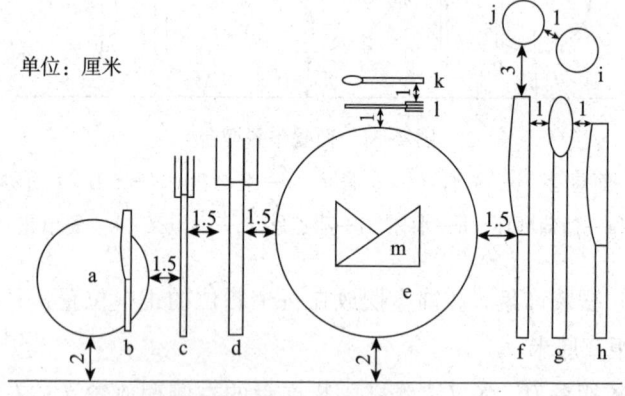

图2-32 西餐晚餐摆台

a—面包盘　b—黄油刀　c—头盘叉　d—主餐叉　e—装饰盘　f—主餐刀
g—汤匙　h—头盘刀　i—葡萄酒杯　j—水杯　k—甜点匙
l—甜点叉　m—餐巾花

(1)摆装饰盘。装饰盘摆放在每个餐位的正中位置,并与餐台边缘相距 2 厘米。

(2)摆餐刀、餐叉、汤匙。装饰盘的左侧摆放主餐叉,主餐叉左侧 1.5 厘米处摆放头盘叉;右侧摆放主餐刀,刀口朝向装饰盘方向;汤匙摆放在主餐刀的右侧;头盘刀摆放在汤匙的右侧;主餐刀、主餐叉分别距装饰盘 1.5 厘米,主餐刀与汤匙及汤匙与头盘刀之间的距离均为 1 厘米;主餐刀、主餐叉、汤匙的下端在一条直线上并距餐台边缘 2 厘米。甜点叉位于装饰盘正上方 1 厘米处,横向放置,叉柄朝左;甜点匙位于甜点叉之上,匙柄朝右,与甜点叉相距 1 厘米。

(3)摆面包盘与黄油刀。面包盘摆在头盘叉左侧,距头盘叉 1.5 厘米,距餐台边缘 2 厘米。黄油刀刀口朝左,摆放在面包盘右侧 1/3 处,与餐叉平行。

(4)摆水杯、葡萄酒杯。水杯位于主餐刀正上方 3 厘米处。葡萄酒杯与水杯相距 1 厘米。两杯成为一条斜直线,与餐台边缘约成 45°角。操作时,注意手持杯柄。

(5)摆餐巾花。将折叠好的盘花摆放在装饰盘的中心位置。

(6)摆放公用物品。花瓶、椒盐瓶、奶盅和糖盅摆放在餐台的中心位置。

第3单元 接待服务

模块1 迎宾服务

一、迎宾礼仪

（1）着工装，以标准礼仪站姿站于餐厅门口处，做好迎宾准备。

（2）保持神情专注，反应灵活，随时关注过往顾客，如有电梯直达餐厅，需关注走出电梯的顾客。

（3）当顾客行至距离餐厅1.5米处时，服务员应面带微笑，热情问候。

（4）顾客到达餐厅，服务员要面带微笑，热情相迎，向顾客行鞠躬礼，主动致问候语和欢迎语，礼貌询问顾客是否有预订及用餐的人数；若逢节日，还应向顾客致以节日问候。

（5）若已预订，应引领顾客到预订餐位；若无预订，则先询问顾客人数，是选择零点餐厅还是雅间。

（6）根据顾客要求将顾客引领至合适餐位，引领过程中应走在顾客左前方，根据实际情况可以调整位置，与顾客保持0.5~1米的距离，不可过远或过近，适时观察顾客是否跟随，并向顾客做必要的介绍。

（7）引位入座时，以手势向顾客示意请进或请坐，并为顾客拉椅让座。

（8）为顾客拉椅让座时，动作应轻稳、迅速、准确，用力大小合适，以不发出噪声为宜。

二、迎宾程序

1. 以标准站姿迎宾

提前10~15分钟在餐厅入口处等候，以标准站姿迎候顾客到来。

2. 招呼顾客

顾客到达餐厅门口时，微笑问候，热情相迎，并询问顾客是否已经预订。

3. 引领座位

引领顾客到预订餐位，或者将未预订的顾客引领到合适的餐位。

4. 妥善安排等候的顾客

记录顾客等候顺序，妥善安排候餐顾客在候餐区休息，等候安排餐位。

5. 为顾客提供寻客服务

帮助后到餐厅的顾客找到已到达餐厅的同餐顾客，并引领至餐桌位置。

6. 为特殊顾客安排餐位

为年长者、儿童、孕妇、残疾人等特殊顾客安排方便的餐位。

三、引位入座要领

（1）接待顾客要遵循先来后到的原则，以免引起先到顾客的不满。

（2）引领顾客时，应注意步伐节奏，与顾客保持适当距离，遇拐弯处应以手势示意方向，引领过程中注意与顾客进行适当的交流。

（3）尊重顾客对餐位的需求意愿，在安排餐位时只要餐桌未被预订，就应满足顾客的需求。

（4）引位入座要尽可能快速并一次到位，不宜耗时过长，或带着顾客反复寻找餐位，以免给顾客带来不愉快。

（5）若顾客对餐位不满意要求调换，应尽可能尊重顾客的需求。

四、特殊人群引位入座的注意事项

（1）对携带儿童就餐的顾客，宜将其安排在靠近餐厅角落的餐位，避免因儿童多动而打扰其他顾客的正常就餐或妨碍餐厅服务。

（2）对年长或行动不便的顾客，宜将其安排在距离餐厅出入口较近的餐位，以方便其出入。

（3）为幼儿提供儿童椅，确保其用餐的安全和方便。

（4）在为行动不便的顾客引位时应提醒其注意脚下安全，尤其要注意台阶、水渍、人多拥挤等情况，并提醒其他顾客为其提供方便和帮助。

（5）为行动不便的顾客提供必要的帮助，以方便其入座。

模块2　点菜服务

点菜服务是餐厅对客服务中要求比较高的服务内容。到餐厅用餐的顾客由于性别、年龄、生活习惯、宗教信仰等原因而有不同的用餐需求，希望能吃到最适合自己口味的菜品，但也常常因为这一需求未得到满足而对餐厅的服务质量提出质疑，所以服务员必须熟知餐厅菜品特色，了解顾客的用餐需求，并能够根据需求推荐相应的菜品。

服务员在向顾客推荐菜品时需掌握一定的推销技巧，通过看、听、问的方法主动了解顾客需求，并有针对性为顾客推荐菜品。看是指看顾客的性别、穿着、年龄等外在情况；听是指听口音判断顾客所来自的国家、地区；问是指主动询问顾客饮食方面有无特殊需求。

一、菜品常识

1. 中餐菜品种类及特点

中餐菜品可分为冷菜、热菜、甜菜、汤菜、主食、点心等。

（1）冷菜。冷菜又称冷荤或冷盘，指在食用时温度接近或低于环境温度的菜品，可分为热制冷吃和冷制冷吃两种。中餐冷菜作为第一种菜品，可在开餐前提前 10 分钟摆放于餐桌上，以增加餐桌的视觉效果和用餐氛围，顾客食后可起到开胃、激发食欲的作用。

（2）热菜。热菜选材广泛，烹调方法多样，利用原料的自然形态或经刀工处理，经过加热和调味等工序制成。与冷菜相比，热菜成品香味浓郁，讲究时效性，即需趁热食用。

（3）甜菜。甜菜泛指一切甜味食品，一般具有风味特色，如拔丝苹果、冰糖湘莲、蜜汁山芋等。

（4）汤菜。汤菜种类较多，泛指带有较多汤汁的菜肴，如茯苓龟汤、枸杞炖草鸡、高汤鱼圆、烩乌鱼蛋汤、西湖牛肉羹、宋嫂鱼汤等。

（5）主食。主食通常是热量的主要来源，一般由大米、小麦、玉米、土豆、甘薯等淀粉含量较高的食物制成，常见的主食有米饭、饼、面条等。

（6）点心。点心的种类繁多，可分为包类、饺类、糕类、团类、卷类、酥类等，其造型讲究，形象生动。常见的点心有小笼包、荷花酥、蒸饺、麻团、葱油饼、桃酥等。

（7）特色菜。特色菜指与其他菜品不同的、具有地方特色或餐厅特色的菜品，往往是餐厅招徕顾客的主要菜品。

（8）推荐菜。推荐菜指餐厅向顾客推荐的菜品，可以是餐厅的特色菜、特价菜、时令菜或创新菜等。

2. 中餐菜品烹调方法

（1）炒。炒是在中餐加工领域应用最广泛的一种烹调方法，其特点是用旺火短时间加热，通过少量油传导热量到所烹调的原料和调料中。炒制工艺一般可分为干炒、硬炒、煸炒、滑炒等，其原料多为经加工处理后的丁、条、片、丝、球等。

（2）熘。熘是由大量油来传导热量的一种烹调方法，其特点是根据原料和成品要求的不同，将主料加工、切配后再用温油或热油炸熟。熘制工艺可分为焦熘、滑熘、醋熘、糟熘、软熘等，食用时一般带芡汁。

（3）炸。炸是由大量（比原料多数倍）的油来传导热量的一种烹调方法。根据原料质地和口味要求的不同，可分为干炸、清炸、软炸、酥炸、纸包炸等，其成品具有香、酥、脆、嫩的特点。

（4）烹。烹是将原料经刀工处理着味后，用旺火温炸至外酥里嫩，呈金黄色起锅，然后炝锅、倒入主料，并立即烹入调味汁，颠锅成菜的一种烹调方法。烹制工艺原材料多为带有小骨、薄壳的鸡、鸭、鱼、虾、蟹等，其成品具有咸、香、甜、酸、汁清、不黏的特点。

（5）爆。爆是用中量的油或水传导热量，用旺火快速加热成菜的一种烹调方法，成品脆嫩爽口。

（6）烩。烩是由水来传导热量，一般先用鲜汤和调料制成汤汁后，再将几种原料一起放入汤汁中加热至成熟入味的一种烹调方法。烩制成品汤浓汁稠、口味鲜美。

（7）氽。氽是由水或鲜汤来传导热量烹制汤菜的一种烹调方法。用于氽的原料大多为经初加工的片、丝、条或制作好的丸子，其成品汤多菜少、清鲜脆嫩。

（8）涮。涮是在涮锅中加入水、调料和配料并烧开，将主料切成薄片或小块，待水开后将其放入涮锅中，涮熟后蘸调味品食用或直接食用的一种烹调方法。涮时可根据口味偏好掌握涮的时间并选用调料，涮制菜品鲜嫩、香甜。

（9）煮。煮是将原料放入清水锅或汤锅内，加入调料，将原料煮至断生或熟烂，经晾凉或切配后食用，或将菜品加入配制好的调料中，经再次调味后食用的一种烹调方法。

（10）炖。炖是将加工整理后的较大块原料放入炖锅或其他陶制器皿中，加入适量水或鲜汤，大火烧沸后转小火持续加热使原料酥烂入味的一种烹调方法。成品原料软烂，汤汁不腻。

（11）烧。烧是将原料进行初步熟处理后，加适量汤和调味品，用旺火烧沸后改中小火加热入味，再用旺火收汁成菜的一种烹调方法。烧一般可分为红烧、干烧、锅烧等。

（12）扒。扒是将原料加入汤汁，用温火烹至酥烂，最后勾芡起锅的一种烹调方法。扒可分为白扒、红扒、奶油扒、鸡油扒等。

（13）焖。焖是由大量油或少量油和水传导热量的一种烹调方法。焖与烧的烹调程序类似，汁略多，但相比熬、炖的烹饪方法，其菜汁少。焖可分为红焖和黄焖，成品酥烂入味，汁浓味厚。

（14）煨。煨是先将主料油炸或煸炒后，用葱、姜在油锅里炸，随即加调料、添汤、放主料，后以慢火将主料煨成浓汁的一种烹调方法。成品既保持了原汁原味，又吸收了各种调味，味道鲜醇。

（15）煎。煎是将原料加工成扁平状并腌渍入味后，用中火或小火慢慢加热至成熟的一种烹调方法。煎的原料以嫩鸡、鲜鱼、虾、猪里脊等为主，成品口味鲜醇，色泽美观。

（16）蒸。蒸是由蒸汽传导热量，将原料加热至成熟的一种烹调方法。蒸既可用于烹制菜品，又可用于原料的初加工和菜品的保温。

（17）烤。烤是将加工处理好的原料置于明火上或各式烤炉中，利用热辐射直接或间接将原料加热至成熟的一种烹调方法。若原料是生料，需先经腌渍再放入烤炉，若为经加工成半熟的半成品可直接放入烤炉，烤熟后即可食用。成品皮脆肉嫩，色鲜艳，能保持原料特有的鲜香味。

3. 西餐菜品种类及特点

西餐的菜品主要有头盘和沙拉、汤、副菜、主菜、蔬菜、甜品、餐后饮料等。

（1）头盘和沙拉（appetizers and salad）。头盘又称开胃菜，是西餐的重要组成部分，一般有冷头盘和热头盘之分。常见的头盘有鱼子酱、鹅肝酱、熏鲑鱼、奶油鸡酥盒、焗蜗牛等。沙拉除了蔬菜之外，还可以用鱼、肉、蛋类制作的，这类沙拉一般不加味汁，在进餐顺序上可以作为头盘。

因为要开胃，所以头盘一般都有特色风味，味道以咸和酸为主，而且数量较少，质量较高。

（2）汤（soup）。和中餐不同，西餐的第二道菜就是汤。西餐的汤大致可分为清汤、奶油汤、蔬菜汤和冷汤4类，品种有牛尾清汤、各式奶油汤、海鲜汤、美式蛤蜊汤、意式蔬菜汤、俄式罗宋汤、法式焗葱头汤等。冷汤的品种较少，有德式冷汤、俄式冷汤等。

（3）副菜（side dishes）。海鲜类菜肴一般作为西餐的第三道菜，也称为副菜，包括各种淡水鱼类、海水鱼类以及贝类和软体动物类。通常鱼类菜肴与蛋类、面包类、酥盒类菜肴都称为副菜。鱼类菜肴肉质鲜嫩，比较容易消化，所以放在肉类菜肴的前面。西餐吃鱼类菜肴讲究使用专用的调味汁，如鞑靼汁、荷兰汁、白奶油汁、大主教汁、美国汁等。

（4）主菜（main courses）。肉、禽类菜肴是西餐的第四道菜，也称为主菜。肉类菜肴的原料取自牛、羊、猪等动物各个部位的肉,其中最有代表性的是牛肉或牛排。牛排按其部位又可分为西冷牛排(也称沙朗牛排)、菲力牛排、T骨牛排、薄片牛排等,烹调方法常用烤、煎、铁扒等。肉类菜肴配用的调味汁主要有西班牙汁、浓烧汁、蘑菇汁、白尼斯汁等。禽类菜肴的原料常取自鸡、鸭、鹅,品种最多的是鸡,有山鸡、火鸡、竹鸡等,可煮、炸、烤、焖,主要的调味汁有黄肉汁、咖喱汁、奶油汁等。

需要注意的是,作为主菜的牛排由于加热时间不同而有生熟度之分,一般分为近生、一成熟、三成熟、五成熟、七成熟、全熟。

(5)蔬菜(vegetables)。蔬菜类菜肴可以安排在肉类菜肴之后,也可以和肉类菜肴同时上桌,所以可以称为一道菜,或称为一种配菜。和主菜同时服务的生食蔬菜,称为生蔬菜沙拉,一般用生菜、西红柿、黄瓜、芦笋等制作,主要调味汁有油醋汁、法国汁、千岛汁、奶酪沙拉汁等。还有一些蔬菜是熟的,如煮花椰菜、煮菠菜、炸土豆条等。熟食的蔬菜通常和主菜的肉食类菜肴一同摆放在餐盘中上桌,成为配菜。

(6)甜品(desserts)。西餐的甜品在主菜后食用,可以算作是第六道菜。从真正意义上来讲,它包括所有主菜后的食物,如布丁、煎饼、冰激凌、奶酪、水果等。

(7)餐后饮料(coffee or tea)。餐后饮料一般为咖啡或红茶。喝咖啡一般要加糖和淡奶油,红茶一般要加香桃片和糖。

二、菜单介绍

菜单是餐厅向顾客宣传餐厅产品和提供服务的媒介,是餐厅重要的产品目录。菜单内容包括菜品名称、种类、价格、烹调方法、图片展示、相关信息陈述等。设计菜单时需考虑菜单尺寸、页数、折叠方式、封面内容、文字、图案、色彩和成本等因素。

1. 菜单分类

菜单可根据不同方法进行分类。根据供餐性质不同可分为套餐菜单、零点菜单和混合式菜单3类；根据用餐时间不同可分为早餐菜单、午餐菜单、晚餐菜单、消夜菜单4类；根据用餐对象不同可分为儿童菜单、老人菜单、情侣菜单等；根据就餐人数不同可分为双人餐、三人餐、四人餐等；根据用餐场地不同可分为宴会菜单、客房菜单、外卖菜单等；根据餐饮周期不同可分为季节菜单、固定菜单、循环菜单等。

2. 菜单作用

菜单是餐厅促销的重要手段，是宣传餐厅菜品的工具，是顾客与餐厅之间沟通的桥梁。菜单还可反映餐厅的经营方针，促进餐饮销售，体现餐厅菜品经营特色和档次。此外，菜单还是厨房购置餐饮设备和食材原料的依据。

三、点菜服务

1. 确认是否可以为顾客开始点菜服务

进行点菜服务前，服务员应了解顾客的饮食消费习惯，将菜单打开并由右侧呈递给顾客。若该桌顾客不马上点菜，可暂时离开，但需观察顾客的需求动态，随时准备为其提供点菜服务。

2. 推荐菜品

推荐菜品时应根据顾客用餐要求和人数，推荐餐厅特色菜，帮助顾客控制点菜数量、提醒菜品口味和品种搭配等，点菜完毕后向顾客推荐酒水。

3. 确认点菜及要求

服务员应重述顾客所点菜品，包括菜品名称、数量、规格，在叙述时要吐字清晰、语速快慢适中，询问并记录特殊要求，如少辣、不放香菜和葱等，确认无误后方可下单。

4. 填写菜单

填写菜单时需填清桌号、人数、服务员姓名、日期、菜点名称、特殊要求等。建议将冷菜、热菜和点心单分类填写，以方便厨房出菜。

5. 开立菜单

服务员在点菜单上按出菜顺序填写点菜内容及烹调要求后，将点菜单的第一联送至厨房，第二联送收银，第三联随身携带或置于餐桌上，以方便上菜时核对确认。

由于西餐是采用分食制的就餐形式，所以在点菜时要每位顾客分开点。对于西餐的点菜服务，呈递菜单要看清人数，菜单应每人一份，如人数众多，则可隔几人送一份。

四、电子点菜系统的应用

餐饮电子点菜系统已被餐饮业广泛应用。服务员用点菜系统为顾客点菜后，可通过无线传输，令后厨和收银同步自动打印菜单。电子点菜系统操作方便，功能齐全，准确快捷，能显示更加丰富的信息，容纳更多的图片和文字，菜品分类多样、清晰明了。应用电子点菜系统点菜，既增加了餐厅服务与顾客之间的互动，随时更新点菜内容，又可方便服务员随时随地使用系统为顾客提供点菜、加菜、退菜、催菜、换菜等服务。电子点菜系统的功能涵盖餐厅前台营业所有的业务流程，并可即时将信息数据传输至收银和厨房，提高了点菜、上菜服务的速度和准确率，节约了人力资源及纸张成本，优化了顾客餐厅消费的体验。

现今，很多餐厅增加了顾客扫码自助点餐的服务，更加便捷。作为服务员，要根据顾客的需要，必要时耐心细致地向顾客介绍软件程序的使用方法，帮助其完成点餐。

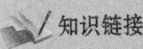 知识链接

菜品知识

一、中餐主要菜系特点

1. 鲁菜

鲁菜是由济南和胶东两地的地方菜发展起来的。济南菜包括济南、德州、泰安一带的菜品,以清、鲜、脆、嫩著称,擅长爆、烧、炒、炸。济南菜精于制汤,传统菜以色清而鲜的清汤和色白而醇的奶汤驰名,汤醇而美,菜色、香、味、形俱佳。胶东菜包括福山、青岛、烟台一带的菜品,以烹调各种海鲜见长,擅长爆、炸、扒、蒸,口味以鲜为主,较清淡。鲁菜的特点是选料严谨,刀工细腻,讲究调汤,味道清鲜,花色多样。鲁菜的著名菜品有葱烧海参、九转大肠、扒原壳鲍鱼、油爆双脆、奶汤鸡脯等。

2. 川菜

川菜由成都菜、重庆菜、内江菜等地方菜组成,以成都菜为代表。川菜讲究色、香、味、形,讲究"七味八滋",注重味多、广、厚、浓,配菜协调。川菜口味有甜、酸、苦、辣、咸、麻、香七味,尤以麻辣著称。川菜选料严格,刀工精细,烹制考究,注重调味,品种多样,风味独特,具有"一菜一格、百菜百味"的特点。川菜的著名菜品有宫保鸡丁、水煮肉片、麻婆豆腐、回锅肉、夫妻肺片、鱼香肉丝等。

3. 苏菜

苏菜是由扬州菜、苏州菜、南京菜等地方菜发展而成的。苏菜擅长炖、焖、蒸、炒,其选料严谨,制作精细,注意配色,讲究造型,因材施艺,四季有别,重视调汤,保持原汁,浓而不腻,味感清鲜,适应面广,酥烂脱骨而不失其形,滑嫩爽脆而不失其味。苏菜的著名菜品有松鼠鳜鱼、盐水鸭、清蒸鲥鱼、清炖蟹粉狮子头、荷包鲫鱼、白汤鲫鱼等。

4. 粤菜

粤菜由广州菜、潮州菜、东江菜等地方菜发展而成,以广州菜为代表。粤菜的烹调方法有煎、炒、烧、燎、拌、滚、烧烤、卤水等,其选料面广,用料丰富,刀工精细,烹调考究,花色品种繁多,有"五滋六味"之说。其中,广

州菜讲究鲜、嫩、爽、滑、浓，融酸、甜、苦、辣、咸、鲜口味为一体；潮州菜口味偏重清、鲜、甜，擅长烹制海鲜，注重保持食材的原汁原味，多用红醋、鱼露、沙茶酱等调味；东江菜口味偏咸，油重，主料突出，少用配料和酱油，具有乡土风味。粤菜的著名菜品有脆皮乳猪、蚝油牛肉、咕咾肉、文昌鸡、南乳扣肉、潮州鱼丸、烧鹅等。

5. 浙菜

浙菜由杭州菜、宁波菜、绍兴菜、温州菜组成，以杭州菜为代表。杭州菜以爆、炒、烩、炸为主，讲究刀工，制作精细，具有清鲜爽脆、淡雅细腻的特点；宁波菜以蒸、烤、炖见长，注重保持食材的原味，以烹调海鲜为主，具有鲜香清淡、酸甜可口的特点；绍兴菜以制作河鲜、家禽为主，具有香酥绵糯、滋味浓重的特点，具有乡土风味；温州菜以制作河鲜、海鲜为主，擅长鲜炒、清汤、凉拌、卤味。浙菜的著名菜品有西湖醋鱼、龙井虾仁、杭州酱鸭、东坡肉、雪菜大黄鱼、丝瓜卤蒸黄鱼等。

6. 闽菜

闽菜由福州菜、闽南菜、闽西菜三种地方风味菜组成，其刀工妙、调味奇、烹调细腻，擅长熘、爆、炸、焖、氽、煨等烹调方法，尤以炒、爆、煨著称，在色、香、形、味俱佳的基础上，以香、味见长。其中，福州菜讲究调汤，长于红糟调味、制汤和使用糖醋，成品清鲜爽口，味道偏甜酸，独具特色；闽南菜以厦门菜为代表，讲究作料，善用辣椒酱、沙茶酱、芥末酱等甜辣调料；闽西菜以客家菜为主，山乡风味浓厚，味道偏咸、辣。闽菜以烹制山珍海味著称，著名菜品有佛跳墙、醉糟鸡、淡糟香螺片、福鼎肉片、翡翠珍珠鲍、荔枝肉、福州鱼丸等。

7. 徽菜

徽菜原料丰富，多就地取材，选料严谨，多用山珍野味、河鲜家禽，以鲜取胜。烹调方法多以烧、炖、熏、蒸为主，重油、重色、善用火候，火功独到，汤汁厚重，味鲜浓郁。徽菜的著名菜品有徽州毛豆腐、红烧臭鳜鱼、雪冬山鸡、一品锅等。

8. 湘菜

湘菜由湘江流域、洞庭湖区、湘西山区三种地方风味菜组成，其刀工精妙，形味皆备，长于调味，以酸辣著称；技法多样，尤其重煨。其中，湘江流域菜品制作精细，用料广泛，品种繁多，油重色浓，讲究实惠，注重香鲜、酸辣、软嫩风味，以煨、炖、腊、蒸、炒著称；洞庭湖区以烹调河鲜和家禽见长，芡大油厚，咸辣香糯，多用烧、炖、腊等烹调方法；湘西山区擅长烹调山珍野味、烟熏肉和各种腊肉，侧重于咸、香、酸、辣，具有浓厚的山乡风味。湘菜的著名菜品有湘西酸肉、口蘑汤泡肚、蓁蒿炒腊肉、东安仔鸡、腊味合蒸、麻辣仔鸡、毛家火焙鱼等。

二、西餐主要菜系特点

1. 法式菜

法式菜享有盛誉，其葡萄酒、白兰地及奶酪都闻名于世。法式菜有很多特点，主要体现在选料广泛、讲究原汁原味、追求菜肴鲜嫩、喜欢用酒调味等方面。法式菜中不同的菜会用不同的酒调味，烹饪时讲究"急火速烹"，追求半熟鲜嫩。典型的法式菜品有鹅肝酱、牡蛎杯、焗蜗牛、马令古鸡、西冷牛排、洋葱汤、马赛鱼羹等。

2. 意式菜

意大利地处南欧的亚平宁半岛上，优越的地理条件使其农业和食品工业都很发达，其中以面条、奶酪、萨拉米肠著称于世。意大利菜的主要特点有注重传统菜肴，突出食物的本味，谷物品种丰富等。此外，意大利的米饭品种也很丰富，口感硬，别有风味。典型的意式菜品有意大利菜汤、米兰式猪排、比萨饼等。

3. 英式菜

英式菜相对来说比较简单，但英式早餐却很丰盛，素有"big breakfast（丰盛早餐）"的美称。英式早餐一般有各种蛋品、麦片粥、咸肉、火腿、香肠、黄油、果酱、面包、牛奶、果汁、咖啡等，受到西方各国的普遍欢迎。英式菜的主要特点还表现为选料局限性较大、烹调简单、口味较轻等。英式菜代表菜品有土豆烩羊肉、烤鹅填果子馅、牛尾浓汤等。

4. 美式菜

美式菜基本是在英式菜的基础上发展起来的。美国人烹调观念开放，善于结合欧洲移民和印第安人的生活习惯，又利用当地丰富的农牧产品，形成了独特的美国餐饮文化,其主要特点为喜欢用水果做菜,注重营养,快餐业发达。美式菜代表菜品有华道夫沙拉、烤火鸡配苹果、菠萝火腿扒、苹果派等。

5. 俄式菜

俄式菜受法式菜影响较大,同时也吸收了意大利、奥地利、匈牙利等国菜肴的特点,结合自己的饮食习惯,逐渐形成颇具特色的俄式菜肴。其特点主要为传统菜油脂较大,口味浓厚,讲究冷小吃。俄式菜常见的冷小吃有酸黄瓜、酸白菜、腌青鱼、鱼子酱等,口味酸、咸、爽口,其中鱼子酱颇负盛名。典型的俄式菜品有鱼子酱、红菜汤、黄油鸡卷、罐焖牛肉、莫斯科烤鱼等。

6. 德式菜

德式菜以丰盛实惠、朴实无华著称,主要特点体现为肉制品丰富,口味以酸、咸为主,喜欢食用生鲜菜肴,常用啤酒制作菜肴。一些德国人有吃生牛肉的习惯,如著名的鞑靼牛扒,就是将嫩牛肉剁碎,拌以生葱头末、酸黄瓜末和生蛋黄食用。典型的德式菜品有柏林酸菜煮猪肉、酸菜焖法兰克福肠、汉堡肉扒、鞑靼牛扒等。

第4单元 餐间服务

模块1 上菜服务

上菜服务是餐厅服务过程的中心环节,也是服务员的重要技能之一,具有较高的技艺性,如上菜程序、上菜位置、餐台菜肴摆放的艺术效果等多有讲究,反映了服务员的服务水平和技能操作的标准化。

一、中餐上菜

1. 上菜程序

我国有很多地方菜系,菜品都带有浓郁的地方特色;宴会席面的种类也很多,如燕翅席、海参席、全鸭席、满汉全席等。由于地方菜系不同,宴会席面不同,其菜肴设计也多有差异,因此,上菜程序有所不同。这要根据宴会的类型、特点和需要,因人、因时、因事来决定。

中餐上菜一般程序:凉菜→主菜→热菜(数量较多)→汤菜→甜菜(随上点心)→水果。

2. 上菜原则

中餐宴会上菜应掌握的原则是:先凉菜后热菜,先咸味菜后甜味菜,先佐酒菜后下饭菜,先荤菜后素菜,先炒菜后汤菜,先菜肴后点心，先上优质菜或风味菜后上一般菜。

如顾客对上菜有特殊要求，可以灵活掌握。

3. 上菜位置

服务员要选择正确的位置为顾客上菜，上菜位置也被称为"上菜口"，一般应选择在与正副主位连线垂直方向的一侧，或副主人右侧上菜，忌在主人和主宾之间上菜，上菜时注意避让儿童和老人。中餐便餐上菜应根据具体情况灵活选择，可选择在不干扰顾客的位置上菜。

4. 上菜方法

上菜时，服务员将放置在托盘内的菜肴端至桌前，托盘要端平稳，右腿侧站在两座椅间，侧身用右手把菜肴送到转台边缘，按顺时针方向缓缓旋转一周，请顾客观赏菜品，之后转至主宾面前，后退一步介绍菜品名称，并用简练的语言讲述菜肴的特点、典故以及特殊菜肴的食用方法，如图4-1所示。

图4-1 上菜

5. 菜品摆放

（1）摆菜讲究审美和造型艺术，基本要求为"一中心，二直线，三三角，四四方，五梅花"，即一盘菜将菜品摆放于餐桌中间位置，两盘菜摆成一条直线，三盘菜摆成三角形，四盘菜宜摆成正方形，五盘菜宜摆成梅花形。

（2）菜品之间保持合理间距，餐桌上的菜品摆放不可一部分过于紧密，而另一部分过于稀疏。

（3）拼盘、大菜中的头菜、主菜、高档菜、汤菜、特殊风味菜一般摆于中间，若有转盘，应先摆放于主宾位置。

（4）长盘热菜应横向朝主人和主宾位方向摆放。

（5）头菜的观赏面要朝主人和主宾位方向，其他面朝四周摆放。

（6）上整形菜肴时，应以"左头右尾"原则进行摆放，并遵循"鸡不献头，鸭不献掌，鱼不献脊"等传统礼仪习惯。

（7）菜肴颜色、形状、盛器应对称摆放，讲究菜品摆放的造型艺术。

（8）不可叠放盘子于餐桌之上，当盘内剩余少量菜时可征求顾客意见，得到允许后可撤掉菜盘或换成小盘，也可做归并处理。

6. 上菜要求

（1）每上一道新菜时，将前一道菜移到其他位置，把新菜摆放在主宾面前。剩余的菜征得顾客同意后，可随时撤下，换到小盘中，放回餐台上，让顾客继续享用。

（2）及时调整菜盘的距离，并为上下一道菜留出摆放的位置，保持桌面整洁、美观。

（3）上整鱼、汤菜、锅仔类型的菜时，要用双手将菜肴放在餐台上。

（4）若没有转台，应将菜肴摆放在餐台中心靠近主人的位置上。

7. 上菜时机

（1）中餐宴会一般在开席前15分钟把凉菜上桌，顾客入席后，凉菜食至一半时，开始上第一道热菜，并按顾客进餐速度掌握出菜、上菜的节奏。

（2）在前一道菜接近吃完时，将新菜送到餐台上。

（3）宴会进行中，如遇顾客讲话或离席敬酒则不宜上菜，应等顾客回到座位后再上菜。

（4）便餐上凉菜与宴会相同，上热菜可加快速度，也可以根据顾客的需要掌握上菜的节奏。

> **知识链接**
>
> **不同类型菜肴的上菜方法**
>
> 1. 有响声的菜肴（锅巴类）
>
> 上有响声的菜肴时，要在菜肴出锅后以最快的速度端上桌，使之发出声响，烘托用餐气氛。
>
> 2. 原盅炖品菜（各种盅类）
>
> 炖品上桌后要当着顾客的面揭开盖子，以散发其原味和香气。揭开盖子时，需将盖子翻转移开竖起，另一只手持一块干净布巾接住水滴，防止汤水落在顾客衣物上，烫伤顾客。
>
> 3. 跟用作料的菜肴
>
> 作料同菜肴一起上桌，也可以先上作料后上菜，上菜后服务员要加以介绍。
>
> 4. 火候性较强的菜肴
>
> 这类菜肴出锅后应立即端上桌，保持菜肴的特点。
>
> 5. 拔丝菜肴
>
> 上拔丝菜肴时，应先于汤碗内盛装温开水，再将盛装好的拔丝菜肴盘稳妥摆放于汤碗上，以保持菜肴温度，用托盘端送上桌。同时上温开水，供顾客夹取时在水中轻蘸菜品，使其降温后食用。
>
> 6. 泥包、纸包、荷叶包的菜肴
>
> 上此类菜肴时，应让顾客观赏菜肴完整包装后，放到操作台上，当着顾客的面打破或拆开外仓，以保持菜肴的温度和香味，突出菜肴特色。若需要分菜，则用餐刀、餐叉切开并装盘送给每位顾客。

7. 带酒精炉的菜肴（各种锅仔）

上此类菜肴时，先把菜肴放到餐桌上，再点燃酒精炉使菜肴受热，席间服务员要勤巡视和观察，待顾客食用完毕，要将火熄灭。

8. 工艺造型菜肴

上此类菜肴时，动作要轻、稳，保持菜肴形状不变。

二、西餐上菜

1. 上菜顺序

西餐上菜的一般程序为：头盘→汤→副菜→主菜→甜食。

2. 上菜原则

西餐上菜要严格遵循先宾后主、女士优先的原则。

（1）先宾后主原则。正式宴会应严格按照座次安排上菜，在一般情况下，给第一主宾和第二主宾上菜完毕后，就可以按顺时针方向依次服务，最后给主人上菜。

（2）女士优先原则。在西餐宴会中，特别是在西方国家，要遵循"先女士后男士"的上菜原则，如果主人为女士，可按女主人的示意提供服务的顺序。在女主人没有示意的情况下，应按先给女宾，然后给男宾的顺序上菜。

西餐宴会上菜应根据顾客不同的国籍或顾客的具体要求，灵活决定服务的先后顺序。

模块2　分菜服务

分菜服务是餐厅服务员的主要工作内容之一，有较高的技能要求，在体现服务员对顾客热情服务的同时，也反映餐厅服务的档次及水平。

一、中餐分菜

服务员分菜前要掌握准备分的菜肴所使用的刀工、烹调方法、菜肴烹熟后的特点及盛装器皿等,做到心中有数,根据菜单的内容准备相应数量的餐碟、汤碗、汤匙等餐具,备齐餐叉、餐勺、筷子、长柄匙、垫布、布巾等分菜用具。

1. 分菜用具的使用方法

分菜应按菜品的类型配用用具,一般是餐叉和餐勺或者筷子和长柄匙配套使用。

(1)餐叉和餐勺的配套用法。分菜时,右手握住餐叉柄和餐勺柄的后部,餐勺勺心向上,餐叉底部朝向勺心,餐勺勺柄置于中指与小拇指之上、无名指之下,用拇指和食指捏住餐叉,如图4-2所示。用5个手指分别将餐叉、餐勺固定后,就能在分菜时操作自如,将夹起的菜点送到顾客餐碟(碗)内。

图4-2 餐叉和餐勺的配套用法

(2)筷子和长柄匙的配套用法。右手握筷子,左手持长柄匙,筷子在上,勺在下,相互配合使用,将汤菜均匀地送到顾客餐碟(碗)内。

2. 分菜的顺序

（1）为顾客分菜的顺序依次为主宾、副主宾、主人，然后按顺时针方向依次分让。

（2）在宴会接待中，遇到主宾带儿童参加宴会时，应先分给儿童，然后按先后顺序分菜。

3. 分菜服务的方法

服务员分菜前应将菜品端至顾客面前展示，同时要介绍菜肴的风味特点、烹饪方法、营养等内容，并根据菜肴不同的类型选用分菜方法。

（1）餐位分菜法。餐位分菜法是指服务员在每位顾客就餐位置旁将菜肴分派到顾客的餐盘内的一种分菜方法。其具体操作方法是：站在顾客的左侧，左手垫上餐巾并将菜盘托起，右手拿分菜用的叉、勺进行分菜，姿势是左腿在前，右腿在后并略弯腰，使上身微前倾，菜盘的边与顾客餐盘的边上下重叠。此方法多用于分让热炒菜和点心。

（2）旁桌分菜法。旁桌分菜法是指服务员在服务台上将菜肴分派好后通过托盘将其送至每位顾客面前的一种分菜方法。其具体操作方法是：把菜肴放在餐桌上示菜、报菜名，然后将菜肴取下放在服务台上分菜。菜分好后，从主宾右侧开始按顺时针方向将餐盘送上。此方法适用于分整形菜。

（3）转台分菜法。转台分菜法是指服务员在餐桌某一位置将菜分派好后通过转盘送至每位顾客面前的一种分菜方法。其具体操作方法是：先将干净餐用具有序摆放在转台上，菜肴上桌后报菜名，左手执长柄汤勺，右手执公用筷将菜品均匀分到各个餐盘或汤碗中，然后旋转至顾客面前。此方法适用于分让冷菜和汤。

（4）厨房分菜法。厨房分菜法是指厨房工作人员在厨房里就将菜分派好，再通过服务员用托盘将其送至每位顾客面前的一种分菜方法。其具体操作方法是：厨房工作人员根据顾客人数在厨房分好菜，由服务员用托盘从主宾的右侧按照顺时针方向依次上菜。此种方法通常用来分、上比较高档的炖品、汤煲等菜肴，以显示宴席的规格和菜肴的名贵。

4. 分菜服务注意事项

（1）餐位分菜时，服务员应站在顾客左侧，站立要稳，身体不可倚靠在顾客身上，腰部稍向前弯。

（2）分菜时要掌握好菜肴的量，做到分让均匀，使最先分的和最后分的基本相等。

（3）分菜时要将菜肴优质部位分给顾客，同时要将菜肴的主料、配料搭配齐全。

（4）分菜时要做到一勺准、一叉准，不可将一勺菜或一叉菜分给两位顾客，更不能从量多的盘、碗中匀出分给量少的。

（5）每分一道菜肴后，盘中应有剩余，以示菜肴的宽裕及方便顾客添用。

（6）分带作料的菜，要随同作料一起分让。

（7）分菜要迅速，动作要敏捷，以免影响菜肴质量，不可拖带汤汁或将菜汁洒落在餐台上、滴落在顾客衣物上。

二、西餐分菜

俄式分菜主要使用餐叉和餐刀，法式分菜主要有服务车、分割切板、刀、叉、分调味汁用的叉和勺。西餐分菜对所配用的用具卫生要求很严格，每分一次菜后，需要更换一次用具，不能连续使用，做到用具无污迹、无异物，清洁卫生。在准备用具的同时，还要备好与顾客数相等的主盘。冷菜用冷盘，热菜用热盘。

1. 西餐分菜的方法

（1）俄式分菜的方法。俄式分菜与中餐分菜的方法大体相同，服务员左手托大盘，右手持叉和勺，在顾客左侧，按逆时针方向为每位顾客分菜,在一般情况下,菜肴分让两次,第一次分菜要求每位顾客的菜量基本相等,第二次可给需要添加的顾客分让。

(2) 法式分菜的方法。法式分菜侧重于分切装盘的技术。在分肉类、鱼类、奶酪等菜肴时,把菜肴放于装在餐车中的分割切板上,左手握餐叉压在菜肴一侧,右手握餐刀进行分切,依次装盘后再分让配料及配汁。注意分切均匀,装盘要保持一致性。

2. 西餐分菜的要求

分菜要快速准确,汤汁不滴不洒,动作连贯,切配菜肴时,不得发出声响,盛器四周清洁卫生,节省食材,规范标准操作。

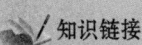
知识链接

不同类型菜肴的分让方法

1. 烩菜

餐厅中有许多用"烩"的烹调方法制成的菜肴,如烩乌鱼蛋,这是一道宽汁烩菜,靠菜品的淀粉汁托起。分菜时,要做到快入慢出,不能搅动,慢出容易取乌鱼蛋,搅动过多会出现澥汁,影响菜肴质量。因此,服务员盛取时手要稳,分装要准确。

2. 拔丝类菜肴

在分这类菜肴时,应由两名服务员负责,一名服务员取菜分菜,另一名服务员快速将分好的菜递送给顾客。分菜时,不要碰破菜品外皮,一旦碰破,蘸水冷却时,水进入菜中会影响菜肴的风味。

3. 分整形鱼

分整形鱼时,左手握餐叉,将鱼头固定,右手用餐刀从鱼中骨由头顺切至鱼尾,把切开的鱼肉分向两侧脱离鱼骨,露出鱼骨后,用餐刀从鱼尾向鱼头处将鱼骨与肉切开,当鱼肉分离后,用刀和叉将鱼骨托起,放置鱼盘前端盘边处,再把上片鱼肉与下片鱼肉放在一起,仍呈一条整鱼形状,用叉和刀将鱼肉按份分切,然后用餐叉和餐刀将鱼肉盛装在餐碟中,浇上汁,送到顾客面前。

4. 龙虾类型

用龙虾制菜有多种方法，生吃龙虾（又名龙虾刺身）是其中一种。厨师将龙虾肉切片后，放在特制的龙船或冰盘内，塑成龙虾造型。服务员分菜时，应从龙虾头部顺至尾部，按片取拿，分送给顾客，要做到数量均等。待虾肉分完后，将头尾送至厨房，并按顾客的要求烹制，即"两吃龙虾"或"三吃龙虾"。

模块 3　酒水服务

酒水服务是餐厅服务工作中一项基本的服务技能。服务员应熟练掌握中、西餐厅酒水服务技能，向顾客提供优质服务，以顾客需求为目标，提高服务价值，给顾客留下深刻和良好的印象。

一、酒水准备

餐厅经营的酒水可分为两类：一类是常规酒水，它往往是市场最畅销的品种；另一类是特殊酒水，根据餐厅经营不同风味的特点配用。顾客选酒时，有的是提前预订的，但大多数顾客是到了餐厅后再选择的，服务员要全面了解本餐厅经营酒水的种类、产地、香型、口味、特点、饮用最佳温度、酒精含量、瓶装含量及价格等内容，并主动向顾客及时提供酒单并做介绍。

1. 准备酒具

餐厅要根据经营酒水种类准备各种酒具。一般中餐厅配备的酒具有水杯、葡萄酒杯、白酒杯、黄酒杯（盅或碗）等。西餐厅常备的酒具有水杯、饮料杯、葡萄酒杯、烈性酒杯、香槟酒杯、甜食酒杯、鸡尾酒杯等，同时应准备冰酒桶、温酒壶、酒篮、开瓶器及盛装瓶盖的容器等。

2. 保持酒品适宜的饮用温度

掌握各种不同酒水饮用的最佳温度,是提供酒水服务的基础。

(1) 低温饮用的酒水。一般啤酒饮用温度是 4~8 ℃,白葡萄酒饮用温度是 8~12 ℃,香槟酒和葡萄汽酒饮用温度是 4~8 ℃,红葡萄酒饮用温度以室内温度为宜,服务员可根据自然温度的高低,决定酒水是否需要冰镇。酒水降温一般放在冰箱内冷藏,也可以把酒瓶放入盛有冰块的冰桶中降温,还可以采用溜杯的方法,即在酒杯内放一冰块,摇转杯子,以此降低杯子的温度。有的酒水可以将食用冰块放入杯中,使酒液在杯中降温并稀释。

(2) 加温饮用的酒水。一般加温饮用的酒水主要有白酒和黄酒两种,其加温方法如下:

1) 温白酒的方法。将白酒注入温酒器中用热水加温,温度以 30~35 ℃ 为宜。

2) 温黄酒的方法。将黄酒注入温酒壶内,放在暖桶中,用热水烫热,达到 40~45 ℃ 即可。不能采用烧烤和燃烧加温的方法,以免酒温过高,使酒的香气挥发,影响酒的质量。

二、常用酒水的开启方法

目前酒水的种类很多,包装与包封形式多种多样。因此,服务员开启酒水时,要使用专门的开启用具。开启酒水的用具有两类,一类是开启软木塞酒水的酒钻,另一类是开启瓶盖用的起子。

1. 白酒

常见的白酒瓶盖分普通类、锁扣类、撬盖类、特定类四种,不同类型的白酒瓶盖开启方法也不同。

(1) 普通类瓶盖,拧开即可。

(2) 锁扣类瓶盖,其环是一次性的,当逆时针旋转,环断开后,锁自然打开。

（3）撬盖类瓶盖，用螺旋锁向瓶盖下方扭，直至将其打开。

（4）特定类瓶盖，一般在包装中配有专用的开启工具和开瓶方法说明，只需按说明正确开启即可。

2. 啤酒

啤酒通常有玻璃瓶和易拉罐两类包装。

（1）开启玻璃瓶时，应将瓶身擦净，左手握稳酒瓶，右手使用开瓶器将瓶开启，沿瓶盖边缘撬开瓶盖，将瓶盖放于小盘中后撤走。

（2）开启易拉罐时，应先将其表面擦净，左手握稳易拉罐，右手手指扣拉环，并旋转拉环至小口对罐口即可。

需注意的是，开启啤酒时尽量减少晃动，开启后用干净的布巾擦拭瓶口，如有泡沫溢出，要擦干净瓶身，确保清洁卫生。

3. 葡萄酒和黄酒

葡萄酒和黄酒常采用软木塞包封。开启时，先去掉瓶塞外封的包装，用布巾将瓶口擦干净后，将酒钻对准瓶塞中心按下去，并按顺时针方向旋转，直至螺旋部分完全进入软木塞，然后利用酒钻的杠杆下压，使瓶塞升起来，就可以把软木塞拿掉。开启酒水后，要检查木塞是否完整，如有木屑落入酒中，应过滤后再斟用，同时要检查酒水有无变质的迹象，检查方法主要是嗅瓶塞入瓶部分有无酸败或发霉的气味。

4. 饮料

常见饮料瓶一般分为两类，即普通瓶和易拉罐。

（1）开启普通瓶时，直接拧开瓶盖即可。

（2）开启易拉罐时，应先将其表面擦净，左手固定易拉罐，右手手指扣拉环，并旋转拉环至小口对罐口即可。

三、酒水服务程序

1. 确认酒水品牌

顾客选定酒水后，在酒水开封前，先向顾客展示酒水，称为示酒。请顾客确认酒水品牌，确认无误后，才可开启斟倒，这是酒水服务不可忽视的环节。

展示酒水的方法是：站在顾客右侧，用右手握瓶颈，左手持餐巾，托住瓶底，酒的商标朝向顾客，请其确认，以此表示对顾客的尊重，同时可以证明酒水的可靠性，如图4-3所示。

图4-3　展示酒水

西餐酒水服务有品酒环节，斟酒前先在主人杯中倒入少量的酒，请其品尝，品酒人确定后，方可斟倒。

2. 斟酒姿势与站位

（1）持瓶姿势。持瓶姿势具体要求：右手拇指打开，四指并拢，掌心贴于瓶身中部，商标朝外，手指用力均匀，使酒瓶握实在手中。

（2）斟酒姿势。斟酒姿势具体要求：持瓶直立，左手持一块干净的布巾下垂，右手持瓶，小臂成45°，向杯中斟酒时，上身略向前倾，当酒液斟倒适量时右手利用腕部旋转将酒瓶的商标向上转，迅速用布巾擦拭瓶口（见图4-4），以免酒液滴落，斟酒后身体恢复直立。

（3）斟酒站位。斟酒站位具体要求：站在顾客右侧，右脚在前，左脚在后，站立在两位顾客的座椅中间，身体略斜成45°，面向顾客，持瓶依次倒。每斟好一杯换位置时，左脚掌落地后，右脚撤回，与左脚并齐，使身体恢复原状，后退步，再准备为下一位顾客斟倒。

服务时要形成规律性的进退，动作要规范，符合标准。

图4-4 擦拭瓶口

3. 斟酒顺序

中餐宴会斟酒顺序应从主宾位开始，然后是主人位，再按顺时针方向斟倒其他位。如果两名服务员同时斟酒，则一位从主宾开始，另一位从副主宾开始，按顺时针方向依次绕台斟酒。

西餐宴会的斟酒顺序为从女宾开始，后斟女主人，然后按男宾、男主人的顺序进行。

斟酒顺序也有灵活性，可根据主人的示意来决定。

4. 酒水服务的方法

斟酒服务有托盘服务斟酒和徒手斟酒两种方法。

（1）托盘服务斟酒（见图4-5）。托盘服务斟酒适用于桌斟，顾客的酒杯放在餐台上，服务员将酒水饮料放在托盘内，商标朝向顾客，请宾客选择，根据顾客需求，左手托盘，用右手把酒水斟入杯中。这种方法方便省时，深受顾客欢迎。

（2）徒手斟酒。徒手斟酒要求服务员左手持一块干净的布巾，右手持瓶，把顾客需要的酒水斟入杯中。徒手斟酒不仅适用于桌斟，也适用于捧斟。捧斟是指斟酒服务时，服务员站在顾客右侧身后，右手握瓶，左手将酒杯捧在手中，向杯中斟好酒后，将杯放回原来的位置。捧斟方式一般适用于酒吧或酒会服务,用非冰镇酒品,捧斟时,要求服务员做到斟酒平稳、准确。

图 4-5　托盘斟酒

5. 斟酒标准

斟酒标准应以酒水的种类和杯具规格而定。目前各餐厅使用的杯具款式和规格多种多样,服务员斟酒时应根据具体情况灵活掌握,一般以斟倒酒液均匀为原则。一般酒水斟倒标准见表 4-1。

表 4-1　一般酒水斟倒标准

餐别	酒水种类	斟倒标准
中餐	白酒、黄酒	应为八分满
	各种软饮料	应为八分满
西餐	红葡萄酒	占酒杯 1/3
	白葡萄酒	占酒杯 2/3
	鸡尾酒	占酒杯 3/4
	白兰地酒	1 盎司(酒杯平放,杯中酒液与杯口齐平)
	烈性酒	同白兰地酒
	香槟酒	先斟 1/3,待泡沫消退后,续斟至 2/3
	啤酒	杯中以八分酒液、二分泡沫为宜
	冰水	半杯水和适量冰块,不加冰块则占杯 4/5

6. 斟酒时机

宴会斟酒可分为宴会前斟酒服务和宴会中斟酒服务。

（1）宴会前斟酒服务。顾客用餐大多选用几种不同的酒品和饮料，大致有葡萄酒、白酒、啤酒及各种饮料，一般在宴会开始前5分钟服务员将葡萄酒和白酒作为礼酒为顾客提供酒水服务，先斟葡萄酒，再斟白酒，顾客入座后再依次为顾客斟倒啤酒及饮料。

（2）宴会中斟酒服务。在宴会进行中出现下列情况，服务员应及时斟酒：

1）顾客干杯前后及时斟酒。

2）每新上一道菜肴后应续斟酒水。

3）当顾客酒杯中酒液不足时，也应及时提供斟酒服务。

4）顾客相互敬酒时，应随敬酒者及时续添酒水。

7. 注意事项

（1）服务员斟倒各种酒水时，应站在顾客右侧，不能在同一位置，为左右两边顾客斟酒或隔餐位给顾客斟酒。

（2）斟倒啤酒时，要减少晃动，放慢速度，让酒液沿杯壁缓缓流入杯中，可以避免泡沫溢出杯外。

（3）斟倒酒水时，瓶口不能碰杯口，距离以2厘米为宜。

（4）斟酒要注意瓶内的酒量，控制好酒液流出的速度。

（5）斟倒冰镇或加温的酒水，取出后用干净的布巾擦拭水痕，以免落在台布或顾客衣物上；使用酒篮的酒水，要在酒瓶瓶颈处衬垫布巾。

（6）用托盘服务斟倒酒水时，托盘要向身后伸展，展至顾客餐椅后，做到托平走稳，酒瓶不倒不洒，动作规范。

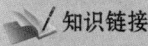 知识链接

酒水知识

一、酒

酒是含酒精饮料的总称,指酒精含量在0.5%以上的饮料。酒是一种特殊的饮料,因为含有一定量的酒精,因而其主要作用不是解渴,而是使人兴奋,带有刺激性。

1. 中国酒

我国酒品种类繁多,可按其酿造原料、酒精浓度、酿造工艺、香型、味道等进行划分。

(1) 按酒的酿造原料分类

1) 白酒。白酒是以谷类及其他含有丰富淀粉的农副产品为原料,以酒曲为糖化发酵剂,经发酵、蒸馏而成的高酒精含量的酒。白酒大多清亮透明、质地纯净、醇香浓郁、味感丰富,可通过风味、香气和滋味来判断白酒质量的高低。

2) 黄酒。黄酒是以糯米和黏米等谷物为主要原料,经过加工酿制而成的低酒精含量的原汁酒,酒精度一般在14%~20% vol。酒质醇厚幽香。

3) 啤酒。啤酒是以小麦、大麦或其他杂类麦为原料,经过发酵,加啤酒花酿制而成的低度酒,酒精度一般在2.5%~8% vol,麦芽汁浓度一般在8°~12°。

4) 药酒。药酒是以白酒为基酒加入中药材后,经过酿制或泡制而成的酒,例如人参酒、五味子酒、灵芝酒、竹叶青酒等。

5) 果酒。果酒是以含糖分较高的水果为主要原料酿制而成的酒。

(2) 按酒精浓度分类

1) 高度酒。酒精度在40% vol以上的酒为高度酒,如茅台酒、五粮液、大曲酒等。

2) 中度酒。酒精度在20%~40% vol的酒为中度酒,如配制酒中的竹叶青酒、五加皮酒等。

3) 低度酒。酒精度在20% vol以下的酒为低度酒,如黄酒、葡萄酒、啤酒等。

(3) 按酿造工艺分类

1) 蒸馏酒。蒸馏酒又称烈性酒,是将发酵酒经过蒸馏后提纯、杀菌、勾兑、陈酿而获得的含有较高酒精度的酒液,通常酒精度达 40% vol 以上。

2) 发酵酒。发酵酒又称酿造酒、原汁酒,是在酵母的作用下,将含有糖质与淀粉的原料发酵,经糖化、发酵、过滤、杀菌等生产工艺而生成的酒液,通常酒精度不超过 15% vol,按其原料不同可分为米酒、啤酒、黄酒、水果酒等。

3) 配制酒。配制酒又称调制酒,是由食用酒精、发酵酒、蒸馏酒通过勾兑、混合、浸泡等方法配制而成的酒,通常酒精度在 22% vol 左右,一般不超过 40% vol。

(4) 按香型分类(白酒)

1) 酱香型。酱香型又称"茅香型",以贵州茅台酒为代表,其特点是醇香馥郁、香气扑鼻、回味绵长、饮后空杯、香气犹存。

2) 清香型。清香型又称"汾香型",以山西杏花村汾酒为代表,其特点是清香芬芳、醇厚绵软、甘润爽口、酒味纯净。

3) 浓香型。浓香型又称"泸香型",以四川泸州特曲为代表,其特点是味醇浓郁、饮后余香、绵甜适口、回味悠长。

4) 米香型。米香型以桂林三花酒为代表,其特点是香气清淡、优雅纯净、略有苦味、米香突出。

5) 兼香型。指兼有两种以上主体香型的白酒,以陕西西凤酒为代表,具有一酒多香的特点。

2. 外国酒

外国酒按配餐方式和饮用方式可分为开胃酒、佐餐酒、餐后甜酒、烈性酒、啤酒、鸡尾酒等,其特点如下:

(1) 配餐饮用。外国酒一般喜欢什么菜品配什么酒水,如餐前饮开胃酒,进餐中饮用葡萄酒,餐后饮用甜酒、白兰地酒;食用肉类、野味及家禽类食物时,由于这类食物脂肪多,肉味香,需配饮味浓的红葡萄酒,食用海鲜类、鱼类及甜品食物时,需配饮清淡的白葡萄酒。

(2) 饮用前可再次调制。除鸡尾酒外,外国酒中的许多品种都具有用餐前再次调制的特点。例如,饮用开胃酒时需要加苏打水,烈性酒中的金酒、伏特加酒需要加托力水，朗姆酒加可乐，威士忌可加冰、加水或加苏打水等。

（3）常年陈酿。以白兰地酒为例，白兰地是一种葡萄蒸馏酒，以水果为原料，经过发酵、两次蒸馏后，再进行勾兑、陈酿而成。白兰地的意思是"生命之水"，通常被人称为"葡萄酒的灵魂"。以其他水果原料酿成的白兰地，应加上水果名称，如苹果白兰地、樱桃白兰地等。由于在陈酿工艺中要求很严，必须在没有铁质钉子的橡木桶内储存陈酿，其酒陈酿年份越长，酒水品质越好。在白兰地酒标上，标有不同的陈酿符号：

"☆☆☆"表示陈酿3~5年

"V.O"表示陈酿10~12年

"V.S.P"表示陈酿12~20年

"V.S.O.P"表示陈酿25年以上

"X.O"表示陈酿40年

威士忌酒要储存8年以上，储存15~20年的酒为最优质的成品酒，但超过20年质量会下降。

（4）注意保存。外国酒非常注意保管及储存方式。各种不同的佐餐酒应根据其特点进行储藏。白葡萄酒、香槟酒应存放于低温酒库；红葡萄酒应存放于避光酒库，防止阳光照射。凡用软木塞封瓶的酒，应平放或倒置，以防止木塞干燥，软木塞只有被酒液浸润膨胀，才可使酒液与空气隔绝，起到防腐的作用。蒸馏酒则应竖直存放。

二、非酒精饮料

1. 茶

我国茶叶品种丰富，根据加工方法可分为绿茶、红茶、青茶、黑茶、白茶和黄茶六大类。

（1）绿茶。绿茶是我国最早出现的茶类，经炒青、烘青、晒青、蒸青等制作工艺，控制茶叶中酶的活动和多酚类的氧化，保持鲜茶叶的天然颜色，属于不发酵茶。绿茶有玻璃杯冲泡法、盖碗冲泡法、茶壶冲泡法3种，可根据冲泡条件和顾客偏好选择冲泡方法。绿茶中的名品有杭州西湖龙井、安徽黄山毛峰、江苏碧螺春等。

（2）红茶。红茶是我国第二大茶类，其选用鲜茶的叶子，经过凋萎、揉捻、发酵、干燥等工艺进行处理，使其原有的绿色变成红色，具有水果香气和醇厚滋味，属于全发酵茶。红茶有3种冲泡方法，除清饮杯泡法、清饮壶泡法外，还有红茶独特的调饮泡法，即将牛奶、柠檬、蜂蜜、白兰地等原料与红茶一起调制后饮用。红茶中的名品有祁门红茶、宁红、滇红、闽红等。

（3）青茶。青茶也称乌龙茶，介于红茶和绿茶之间，既有红茶的浓鲜味，又有绿茶的清香味，素有"绿叶红镶边儿"之称，属于半发酵茶。青茶多产于我国福建、广东、台湾等地，其中福建出产最多。根据地区的不同可分为潮汕工夫茶泡法、福建工夫茶泡法、台湾乌龙茶泡法，可根据茶叶产区和品种选择不同冲泡法。青茶中的名品有武夷岩茶、安溪铁观音、凤凰单枞等。

（4）黑茶。黑茶因成品茶的外观呈黑色而得名，属于后发酵茶，经过杀青、揉捻、渥堆和干燥四道工序，原料成熟度较高，通常作为压制紧压茶的主要原料。黑茶可选用紫砂壶或者盖碗冲泡，也适宜煮饮法。黑茶中的名品有云南普洱茶、陕西黑茶、湖南黑茶、湖北老青茶、四川藏茶、滇桂黑茶等。

（5）白茶。白茶选用优种的茶树大白、水仙白、小白等的嫩幼芽尖经加工而成，属微发酵茶，风味独特。白茶茶叶外形芽毫完整，毫香清鲜，汤色鲜黄，滋味清淡回甘。饮用白茶通常使用玻璃杯冲泡法。白茶主要产于福建，著名品种有白毫银针、白牡丹、寿眉等。

（6）黄茶。黄茶按鲜叶的老嫩芽叶大小分为黄芽茶、黄小茶和黄大茶，加工工艺近似于绿茶，主要经过杀青、揉捻、焖黄、干燥四道工序，其中，焖黄是黄茶特有的工艺，可促使其多酚叶绿素氧化，属轻发酵茶。黄茶与白茶的冲泡方法类似，通常使用玻璃杯冲泡。黄茶中的名品有湖南君山银针、蒙顶黄芽、远安黄茶等。

2. 咖啡

咖啡是用经过烘焙磨粉的咖啡豆制作出来的饮料，在浓缩咖啡液的基础上加入牛奶、奶油、巧克力等配料就形成了拿铁、摩卡等多种花式咖啡。咖啡具有消除疲劳、振奋精神、除湿利尿等功效。咖啡豆只有经过烘焙才能变成供研磨和饮用的咖啡豆，一般分为浅度、中度、深度和特深度烘焙。咖啡的加工方式也会影响到咖啡的风味、酸度和醇度。现今主要的加工方式有三种：水洗法、半水洗法和自然干燥法。应根据不同地区、气候、咖啡豆的种类等因素而采用不同的加工方法，经过不同方法加工后的咖啡也会呈现不同的风味。

3. 矿泉水

矿泉水是地下深处自然涌出的，或是经人工开采的地下矿水，含有多种矿物质。优质矿泉水其水质好、无杂质、无污染。

4. 果汁

果汁含有丰富的矿物质、维生素、糖、有机酸等营养物质，可分为鲜榨、罐装、浓缩3种类型，可单饮，也可作为调制原料。其中，鲜榨果汁的保鲜时间为24小时，罐装果汁及稀释后的浓缩果汁宜尽快饮用。常见果汁有橙汁、柠檬汁、菠萝汁、西柚汁、葡萄汁等。

5. 乳制品饮料

乳制品饮料指以牛奶或乳制品为主要原料，经加工制成的饮料，含有丰富的蛋白质、脂肪、乳糖、维生素等营养物质。乳制品饮料分为乳饮料、发酵饮料和乳酸菌饮料3大类。

6. 碳酸饮料

碳酸饮料是含有二氧化碳气体的清凉饮料，可分为果味型、果汁型、可乐型3种。

模块 4　撤换菜品及餐用具服务

服务员开餐前要准备好餐中需要的各种物品，在服务过程中，按菜品的不同类型及需要适时为顾客撤换餐具、酒具及用品，来体现对顾客的尊重及优质的服务。

一、中餐撤换菜品及餐用具

1. 撤菜盘

在顾客就餐中应随时观察其用餐情况，每当顾客用完一道菜时，就应将空盘撤下，并调整菜盘的距离，保持餐桌整洁。高档宴会，每用一道菜都要撤换；一般宴会可以把残菜撤下，换小盘重新上桌，这样既可保持台面菜品的丰盛，又可使台面美观。服务员撤菜盘需要勤观察，不能过快，应按顾客进餐速度快慢来决定，顾客继续食用的菜品不能撤下，适时撤下餐台的残菜。撤菜盘要使用托盘，在上菜位置进行，操作时动作要轻而稳，不能将汤汁滴洒在餐台上或顾客衣物上。

2. 撤换骨碟和汤碗

宴会进行中，服务员应多次为顾客更换骨碟和汤碗，更换次数要根据菜品种类而定，高档宴会应每上一道新菜更换一次骨碟，一般宴会可视具体情况灵活掌握更换骨碟的次数。遇到以下情况时，应及时更换骨碟及汤碗：

（1）吃过凉菜换吃热菜时应更换。

（2）吃过有鱼腥味的菜品，再吃其他菜品应更换。

（3）吃过风味特殊、汁芡各异、调味特别的菜品应更换。

（4）吃过甜菜、甜汤应更换。

（5）骨碟内洒上酒水或饮料，应更换。

（6）骨碟内骨刺、残渣较多，应更换。

服务员为顾客撤换骨碟时，应用左手托托盘，右手撤换，从主宾位置开始，按照先撤后上原则，在顾客右侧先撤下用过的骨碟、汤碗，然后给客人摆上干净的骨碟、汤碗。如果有顾客前一道菜没有用完，新菜又来了，服务员可以在顾客面前先摆放一个干净的骨碟，等顾客食用完前一道菜后再撤下骨碟。

撤换骨碟时，应将干净的骨碟与用过的骨碟严格分开摆放，以防止交叉污染。

3. 撤换酒具

顾客进餐中，需要更换酒水或酒杯中洒入汤汁时，服务员要及时更换酒具。撤换酒具时，服务员要站在顾客右侧，手持杯子下半部或高脚杯的杯柱，把酒具放在正确的位置上，做到轻拿轻放，不发出声响。

4. 撤换烟灰缸

为了给顾客提供良好的就餐环境，一般情况下餐厅禁止顾客吸烟。但为了满足个别顾客的需要，某些场合还是备有烟灰缸的，服务员要经常巡视，勤换烟灰缸。

顾客用餐时，服务员要观察顾客使用的烟灰缸，当烟灰缸有两个烟蒂时，要及时撤换。撤换烟灰缸时，为了避免烟灰飞扬，落在菜点或顾客衣物上，服务员应把干净的烟灰缸放在用过的烟灰缸上，一并撤到托盘内，再把干净的烟灰缸放在餐台上。餐后，撤烟灰缸应作为单独的程序来进行，服务员要做好防火安全检查，如有未熄灭的烟蒂，要及时处理。

5. 撤换小毛巾

用餐过程中，服务员应为顾客多次撤换小毛巾。撤换小毛巾有以下两种方法：

（1）将小毛巾放在毛巾托内，装在托盘里，左手端托盘，右手将毛巾托摆放在顾客右侧，由顾客自己拿取。

（2）将小毛巾放在垫盘内，用毛巾夹递送给顾客。撤小毛巾时，服务员将小毛巾及毛巾托一并撤到托盘内或将小毛巾用夹子取到托盘内。

二、西餐餐台撤换餐用具

1. 撤换餐具

西餐不同的菜点使用不同的餐具，因此，顾客每用一道菜点要换一副刀叉。撤盘前，服务员要观察顾客刀叉摆放方法，当顾客把刀叉合并放在餐盘上时才可撤盘，更换餐具时，要礼貌地向顾客示意，征得同意后撤下餐盘。

服务员撤换餐具应按先女士后男士的顺序，按顺时针方向依次服务。站在顾客右侧，左手端托盘，右手将撤下的刀叉分别摆放在托盘内。因西餐刀叉餐具多为不锈钢类，因此分量较重，一次不能撤得过多，可分次撤换，确保操作安全。

2. 撤换酒具

　　西餐常规摆台有红葡萄酒杯和白葡萄酒杯，服务员要根据顾客所点的酒水，将顾客进餐中不使用的酒具撤下，摆上顾客所需的酒具。撤换酒具时要用托盘，在顾客右侧进行，将酒具放在正确的位置上，注意操作卫生，手不能触及杯口，拿杯子下半部或杯柱，做到轻拿轻放，避免相互碰撞，动作符合规范要求。

第5单元 餐后服务

模块1 送客服务

一、顾客离席及送客服务

（1）顾客用餐完毕离席时，适时、主动为顾客提供拉椅服务。

（2）帮助顾客取下衣架上的衣帽，递送给顾客。

（3）提醒顾客携带好自己的随身物品，并检查是否有遗留物品。

（4）如有打包的菜品，可提醒顾客带好，或帮顾客送至餐厅门口。

（5）到餐厅门口后，将物品交还给顾客，若携带较重物品，需帮顾客送上车。

（6）向顾客道别，致欢送词。

二、注意事项

（1）用餐完毕，但顾客尚未起身离开时，勿有送客之意。

（2）引领顾客离开餐厅时，需适时提醒顾客注意安全，如小心地滑和台阶等。

（3）当发现顾客有物品遗留在餐厅时，需及时上交前台，并联系顾客，征询顾客意见，以便妥善处理，及时交还顾客。

模块2 餐后收台

一、收台顺序及要求

收台时应按先后顺序,及时有序地进行,先收毛巾、餐巾,再收杯具,后收餐具,牙签筒、作料容器需专门收捡。

1. 收玻璃餐具

玻璃餐具多为水杯、啤酒杯、饮料杯等,属易碎品,收时需注意轻拿轻放。

2. 收瓷质餐具

瓷质餐具按骨碟、口汤碗、口汤匙、味碟的顺序依次进行收捡,注意轻拿轻放。

3. 清理转盘

收完餐桌上的餐具后,若有转盘需清洁转盘,并擦拭干净。

4. 收台布

清理台布上遗留的杂物后,再收台布,并将其放入布草车中以备送洗。

5. 摆餐椅

摆餐椅时,应将餐椅按餐位数和要求进行摆放。例如,10人位餐桌通常是"三三二二"的餐椅摆放形式,即主位和副主位方向对称摆放3把餐椅,与主位和副主位的垂直方向对称摆放两把餐椅。

6. 注意事项

收台时要注意以下事项:

(1)检查有无顾客遗留的物品,若有发现,应及时送还给顾客或上交前台。

（2）按顺序收台，文明操作，动作宜轻稳，不可损坏餐用具，不打扰其他顾客。

（3）先清理餐具内的残渣，后分类收捡，以方便送洗。

（4）保持餐厅的环境卫生。

（5）将餐椅摆放回原处，铺好台布，规范摆台，准备接待下一批顾客。

二、台面擦拭及消毒

1. 擦拭

先使用专用工具清理台面上的菜品残渣，后用清洗剂及抹布清洗台面，最后用干净抹布将台面擦拭干净。

2. 消毒

先用湿抹布擦拭一遍餐桌，然后在台面上喷消毒水（要求按照消毒水说明书的比例正确使用），再用湿抹布进行擦拭，最后用干抹布将台面擦拭干净。

模块3 投诉处理的程序和技巧

客我交往中有时并不顺畅，服务不及时、服务不到位、服务态度不诚恳、服务失误或存在误解都能让客我之间产生矛盾。面对顾客的投诉，服务员要积极面对，并以优质的补救性服务将不满意的顾客转化为满意的顾客，促使顾客为餐厅做有利的口头宣传。

一、顾客投诉一般处理程序

1. 聆听

（1）注意聆听投诉的全部情况，需要明白问题所在。

(2) 不要打断顾客的投诉,没有听完全部内容可能导致错误判断。

(3) 不耐烦的态度会使顾客更生气。

(4) 允许顾客发泄,这样会使问题更容易解决。

(5) 如果可能,应巧妙地避免其他顾客听到。

(6) 表现出你认真对待投诉,最好做好记录。

(7) 聆听过程要有回应,如"是的""我非常理解你的感受""您说的是""抱歉"等。

2. 致歉

(1) 即使认为顾客的投诉不合理或不公平,也要表现出理解。

(2) 如果确定是餐厅人员的工作失误,应立即道歉。

(3) 不要在顾客面前责备同事或其他部门。

(4) 如顾客对餐厅服务有所误解,应委婉解释清楚。

3. 决定谁来处理

答复顾客需要根据自己的职责、权限及餐厅投诉处理政策,根据问题实际情况迅速判断由谁来处理此投诉。如果在你的职责内,立即处理,不要试图把责任推给别人,也不要说"这不是我的事""我不清楚""这件事是××部门管"等推脱语。如果是他人的职责,告诉顾客你正在联系并让其稍作等候;把情况向有关人员说明,不要让不安的顾客把问题再复述一遍。若不知道该怎么办,应该立即与上级联系。

4. 找到解决的办法

(1) 在采取行动前,应先找出解决的办法,有时需向顾客征求意见建议。

(2) 不能承诺无法做到的事或与政策不相符的事,如有必要,在答复顾客之前先征询上级的意见。

5. 行动

（1）当你与顾客商定了处理方式，就立即行动去处理。

（2）向顾客说明你将怎样处理，以使他/她明确处理的结果。

（3）记住，最重要的是处理的结果能让顾客满意。

6. 一般处理方法

（1）道歉。

（2）退换产品。

（3）打折。

（4）赠送补偿。

（5）情节严重的，可以免单，甚至赔偿顾客。

（6）对顾客表示真诚的感谢。

7. 跟进并记录

（1）处理好投诉以后，跟进顾客对投诉处理是否满意。

（2）分析导致投诉的原因，以免再次出现类似问题。

（3）将事件记录在案，避免以后发生同样的事情，并上报给上级，杜绝管理漏洞。

二、处理投诉的技巧和注意事项

1. 倾听顾客投诉的技巧

（1）听取顾客投诉，要头脑冷静，面带诚恳的微笑，仔细倾听，对顾客遇到的不快表示理解，并致歉意。

（2）对顾客的投诉，无论餐厅方是否有过错都不要申辩，可以先向顾客致歉或表示安慰，如事态较严重要立即上报主管经理。

（3）若顾客投诉时引发吵闹或喧哗，应尽力将其劝离人多处，避免影响其他顾客。

（4）聆听时态度要诚恳端正。

2. 道歉的技巧

（1）始终保持冷静。

（2）不要发表个人的批评意见，因为顾客所抱怨的不是你个人，试着保持客观公正，并设身处地为顾客着想。

（3）即使不是你的错，也要向顾客表示抱歉，不要承担责任，但要和顾客保持融洽的关系。

（4）不要直呼顾客的姓名，所有的交流都要用第一人称单数，如"我很抱歉"，而不是"我们"。

（5）不要寻找借口，或者抱怨其他人。顾客需要的是解决问题的方法，而不是探询餐厅内部运作程序。

3. 解决问题的技巧

（1）全心全意对待顾客，要用眼神、动作等交流，许多顾客看到有人驻足倾听并表示理解，就会感到得到了公平的礼遇。

（2）用自己的话重复顾客面对的问题，确定自己的理解是否正确。

（3）如果不知道问题的答案，不要撒谎，承认不知道，但表明会负责到底，并在明确限定的时间内给出结果。

（4）即使因为某种原因不能在限定的时间内给出满意的答复，也要给顾客回话。

（5）让顾客成为解决问题的一员，而不是问题的一部分。

（6）告诉顾客你能做什么，而不是你不能做什么。

（7）找出能将顾客的不满转化为满意的方法，如说出一种解决的办法，征得顾客的同意，让他们满意而归。

（8）如果顾客同意这种解决方案，那么在他们改变主意前应迅速行动起来；如果顾客不接受提出的方案，请其提出相应方案，并在合规的前提下尽量达成。

第6单元 安全卫生

模块1 餐厅卫生要求

一、餐厅环境卫生

1. 餐厅服务工作区域卫生要求

餐厅服务工作区域环境卫生主要包括餐厅、通道、卫生间、休息室、工作间和厨房的卫生。保持餐厅内外清洁整齐,做到无蝇、无鼠、无蟑螂,四壁无尘,窗明几净,桌椅整洁。

(1) 保持好环境卫生须做到四定:定人、定物、定时间、定质量,划片分工,不留卫生死角。

(2) 餐厅清洁卫生工作内容

1) 清除餐桌、工作台等处的菜品、酒水等残留物及污迹。

2) 擦拭餐桌、餐椅、沙发等家具和餐厅固定装置,除尘、除污。

3) 地面、墙面、门窗、灯具及装饰物除尘、除污,玻璃窗保持清洁、明亮。

4) 金属框架和金属器件除锈上光,木质家具及装饰物打蜡保养。

5) 植物清洁与养护。

6) 清洁墙角等卫生死角,无蜘蛛网和积尘,除虫灭害。

（3）餐厅清洁工作要求做到及时，如顾客用餐中不慎打翻调味碟，应尽快清洁，以免因污迹扩大而加大清洗难度并留下永久污痕。

（4）餐厅作为顾客用餐场所，清洁工具和清洁剂的选用要得当。

（5）杀虫剂、杀鼠剂及其他有毒有害物品的存放均应有固定的场所，并上锁和标注明显的警示标识，安排专人保管。

（6）用于清扫、清洗、消毒的设备和用具应放置于专用场所并妥善保管。

2. 食物、餐具储存场所卫生要求

（1）合理存放经清洗消毒后的餐具和接触直接入口食品的工具、容器，保持存放场所的清洁，清洗消毒后的餐用具应储存于专用设施内备用，设施应有明显标识。

（2）食物存放于专门用于储藏、存放食品的库房。食物的存放要求实行"四隔离"，即生与熟隔离，成品与半成品隔离，食物与杂物、药物隔离，食物与天然冰隔离。

（3）所有用脏的餐具应立即撤走，并送到指定场所清洗消毒。

（4）对有温度控制要求的食品应配备相应的冷藏、冷冻、保温设备，并保持设备正常运转。对于烹饪后至食用前需要存放较长时间（超过2小时）的食品应当在高于60 ℃或低于8 ℃的条件下存放。

（5）肉、蛋、奶、速冻食品等易腐败变质的食品应建立相应的温度控制等食品安全控制措施，并确保严格执行。

（6）严禁通过食品加工者、加工环境、工具、容器、设备、设施将污染物转移到食品中，以免发生交叉污染。

（7）若需在裸露食品的正上方安装照明设施，应使用安全型设施或采取防护措施，照明光源应不改变食品的天然颜色，并使用防护罩，冷冻（藏）库房应使用防爆灯。

（8）应配备设计合理、防止渗漏、易于清洁的废弃物存放专用设施，必要时在适当地点设置废弃物临时存放设施，废弃物存放设施和容器应标识清晰并及时进行清理。

3. 卫生间的卫生要求

（1）卫生间宜设置于餐厅出口附近，不得设在食品处理区。

（2）卫生间应为冲水式，地面、墙壁、便槽等采用不透水、易清洗、不易积垢的材料。

（3）餐厅应设有足够数量的供顾客使用的洗手池，洗手池附近设有清洗、消毒用品和干手用品或设施。洗手池的材质应为不透水材料，结构应易于清洗。

（4）水龙头宜采用感应式等非手动式开关或可自动关闭的开关，并同时提供冷水和温水。

（5）卫生间设排气装置，并有适当照明，与外界相通的门窗应设有易于拆洗、不生锈的防蝇纱门、纱窗，外门可自动关闭。

（6）卫生间排污管道应与食品处理区的排水管道分别设置，且设有防臭气水封。洗手设施的排水应设有防止逆流、有害动物侵入及臭味产生的装置。

（7）设专用拖把等清洁工具的清洗水池，且水池位置不能污染到食品及其加工制作过程。

（8）拖把等清洁工具的存放场所应与食品处理区分开，加工经营场所面积 500 平方米以上的餐厅宜设独立存放隔间。

二、个人卫生要求

1. 人员健康管理要求

（1）建立并执行人员健康管理制度。

（2）从业人员（包括新参加和临时参加工作的人员）须取得健康证明方可上岗。

（3）每年进行一次健康检查，必要时进行临时健康检查。

（4）凡患有痢疾、伤寒、病毒性肝炎等消化道传染病的人员，以及患有活动性肺结核、化脓性或者渗出性皮肤病等有碍食品安全疾病的人员，不得从事餐厅服务工作。

（5）建立每日晨检制度，患有发热、腹泻、皮肤伤口感染、咽部炎症等有碍食品安全疾病的人员，应立即离开工作岗位，待查明原因并将有碍食品安全的疾病治愈后，方可重新上岗。

2. 个人卫生标准

服务员要做到"四勤"，即勤洗手、剪指甲，勤洗澡、理发，勤洗衣服和被褥，勤换工作服，重视个人卫生与健康。

（1）工作服要求

1）工作服（衣、帽、口罩）宜用白色或浅色布料制作，专间工作服宜从颜色或式样上予以区分。

2）工作服整洁无褶皱，定期换洗，保持清洁，上岗前戴好工作牌，待清洗的工作服应远离食品处理区。

3）每名服务员应有不少于2套的工作服。

（2）操作卫生要求

1）随时洗手，保持手部卫生。

2）传菜、取菜使用托盘，取拿食品使用夹具。夹具不用时应以符合卫生要求的方式存放。

3）防止交叉污染，抹布应专用，避免一块抹布擦多个地方。

4）不在工作场所挠头抓痒，不用手捂口咳嗽或打喷嚏，不随地吐痰。

5）避免手指碰到食物，不碰触碗口、杯口、筷子和汤匙的前端，不使用掉落在地上的餐具和餐巾等。

3. 洗手的正确方法

（1）正确的洗手程序

1）在水龙头下先用水（最好是温水）将双手打湿。

2）双手涂上洗涤剂。

3）双手互相搓擦20秒（必要时使用卫生的指甲刷清洁指甲）。

4）用自来水彻底冲洗双手，工作服为短袖的应洗到肘部。

5）关闭水龙头（手动式水龙头应用肘部关闭）。

6）用清洁纸巾、清洁擦手布或干手机干燥双手。

（2）标准的手部消毒方法。清洗后的双手在消毒剂水溶液中浸泡20~30秒，或涂擦消毒剂后充分揉搓20~30秒。

三、餐用具的清洗和消毒

1. 餐用具的清洗

（1）接触直接入口食品的餐用具应按规定清洗并消毒后才能再次使用，清洗程序为"一刮、二洗、三冲"，三个程序分别在三个池子中进行，即通常所说的"三池分开"。

（2）通过"刮、洗、冲、消毒"四个程序，对餐用具进行洗涤、消毒后，餐用具应符合国家有关规定，要求达到表面光洁，无附着物、无油渍、无泡沫、无异味。

（3）餐用具使用后应及时进行清洗、消毒，并储存于专用设施内备用，设施标识须明显，结构应密闭并易于清洁。定期清洗设施，使其保持洁净。

（4）定期检查消毒设备、设施是否处于良好状态，采用化学消毒的，应定时测量其有效消毒浓度。

（5）用洗碗机清洗餐用具要依据设备使用说明完成洗涤程序。

2. 餐用具的消毒方法

（1）煮沸消毒法。煮沸消毒法是将清洗后的餐用具置于100 ℃沸水中煮10分钟。此方法适用于瓷器消毒，但不适用于玻璃器皿消毒。

（2）蒸汽消毒法。蒸汽消毒法是将清洗后的餐用具放于蒸汽箱中蒸15分钟，适用于各种餐用具的消毒。

（3）洗碗机消毒法。一般水温控制在85 ℃，冲洗消毒40秒以上。

（4）红外线消毒法。红外线消毒法是采用红外线消毒设备进行消毒，如红外线消毒柜等，温度一般设定在120℃左右，将清洗后的餐用具置于消毒柜中消毒10分钟以上。

（5）化学消毒。化学消毒即使用消毒剂消毒餐用具，适用于不耐高温的餐用具。所选用的消毒剂必须是经卫生部门批准使用的餐具消毒剂，且须在产品保质期限内使用，并达到产品说明书要求的消毒浓度。

四、餐厅棉织品的洗涤和消毒

1. 台布、餐巾的洗涤和消毒

台布、餐巾可采用全棉、化纤或混纺类织物，要求洁净、挺括、具有良好的吸水性，制作工艺良好。

（1）台布、餐巾需与其他棉织品分开洗涤、上浆、固色，符合有关规定并满足质量要求。

（2）洗涤后的台布、餐巾应洁净、平整、挺括、浆度适中、无污渍、无异味，洗后的台布、餐巾经检测pH值应在5.5~6.5。

（3）台布、餐巾出现以下情形，应予以更换：

1）基色严重改变。

2）严重缩水变形，边角破损、脱线。

3）留有洗不净的残留污渍。

（4）采用物理消毒方法，包括蒸汽、煮沸等，消毒时需保持温度达到100℃，消毒10分钟以上。

（5）烘干类的消毒设备具有清洗和烘干功能，能同时完成清洗与烘干工作。

2. 窗帘、桌裙、椅套的洗涤和消毒

（1）窗帘、桌裙、椅套的洗涤、固色应符合标准规定。

（2）窗帘、桌裙、椅套洗涤后应洁净、平整、挺括，无褶皱、无污渍、无异味，窗帘应至少每6个月洗涤一次。

（3）出现以下情形，应予以更换：

1）基色严重改变、材质老化。

2）严重缩水变形、边角破损、脱线。

3）留有洗不净的残留污渍。

3. 餐厅棉织品洗涤、消毒注意事项

（1）使用的清洁剂应在保质期限内，并按要求储存。

（2）严格按规定浓度配制消毒剂，固体消毒剂应充分进行溶解。

（3）采用浸泡消毒时，配好的消毒液需定时更换，一般每4小时更换一次。

（4）定时测量消毒液浓度，浓度低于要求须立即更换。

（5）确保消毒的时间及效果。

（6）经过洗涤、消毒的餐厅棉织品暂时不使用的，需要妥善存放，保持卫生标准，以避免受到二次污染。

模块2 餐厅安全常识

餐饮安全是餐厅服务的重中之重，只有在健康安全的餐厅中就餐，顾客才能享受餐厅便捷、舒适的就餐环境。餐饮安全要以防为主，平时工作中注意防火和其他意外事故。

一、防火

在餐厅经营中，预防火灾是一项不可忽视的工作。火灾所带来的后果是非常严重的，轻则损失财产，使经营多年的心血付诸东流，重则危及员工及顾客的生命。预防火灾的关键在于"防"，只有管理者和员工都自觉遵守安全操作规程，提高防火安全意识，才可以预防和避免火灾的危害。

1. 安全用电

（1）各种电器（如毛巾蒸箱、电饭锅、微波炉、空调等）使用后须切断电源，电器设备周围严禁堆放易燃易爆物品。

（2）经常检查室内的电器设备，发现电线老化、接触不良、绝缘不好等情况，要及时向有关部门报告并及时进行维修。

（3）电闸箱周围禁止存放易燃易爆物品。

（4）使用餐厅机器设备时，遵守操作规程，禁止带电作业。

（5）清洁餐厅卫生，如刷地、冲洗瓷砖时，需注意用水安全，避免电线插座进水和电机进水。

（6）严格执行餐厅工作纪律，未经批准，不得随意启动餐厅的电器设备。

（7）在服务工作中发现隐患或可疑情况，及时向负责人员报告。

（8）下班前，专人检查餐厅电器设备是否断电。

2. 安全用火

（1）安全使用天然气

1）使用天然气严格遵守"火等气"的操作规程。

2）先点火，由小至大启动天然气开关，直至天然气完全燃烧。

3）点火送入天然气时，火焰会瞬间从炉火中喷出，点火时注意面部不能贴近炉口。

4）火熄灭时，应完全关闭总闸。

5）天然气使用中要有人看管，注意检查管道开关是否漏气。工作完毕后，由专人检查灶炉是否全部熄灭。

（2）安全使用酒精炉。在餐厅经营中，有的菜品需带酒精炉上桌，包括固体酒精炉和液体酒精炉两种。使用任何一种酒精炉，都需要待菜品上桌后，将酒精炉摆在应摆放的位置，再用火柴点燃酒精；席间注意观察酒精的燃烧状态，顾客餐毕，盖上酒精炉，待火苗自然熄灭后再将其撤掉。注意一定不能先点燃酒精炉再将菜品上桌,否则可能危害就餐顾客的人身安全,或给餐厅带来火灾隐患。

3. 防火常识

(1) 预防措施

1) 下班前认真、细致检查餐厅内是否有异味。

2) 发现天然气漏气要及时打开门窗,且不要使用明火。

3) 爱护消防器材,掌握消防器材的正确使用方法。

4) 禁止顾客携带易燃易爆物品进餐厅。

5) 落实安全责任制,杜绝空室不锁门,值班脱岗,下班不断电源、不关电器、违章使用大功率电器等现象。

(2) 发现火情的处理方法

1) 第一时间切断气源、电源,熄灭一切明火。若在餐厅营业中出现火情,需迅速疏散顾客,保证顾客的安全。

2) 立即报告主管领导,拨打119火灾报警电话,及时传递消息,保持与相关部门信息沟通畅通。

3) 及时有组织地进行灭火,控制火情,阻止火灾扩散、蔓延。

4) 火熄灭后保护好现场,收好餐厅票据和贵重物品,维护好餐厅秩序,保护餐厅财产。

4. 灭火器的使用方法

(1) 干粉灭火器的使用方法。干粉灭火器是以高压二氧化碳气体为动力喷射干粉灭火剂的工具。干粉灭火器无毒、无腐蚀性,适用于扑灭油类、可燃气体和电气设备的初期火灾。

干粉灭火器最常用的开启方法为压把法:将灭火器提到距火源适当位置后先上下倒几次,使筒内的干粉松动,然后让喷嘴对准燃烧最猛烈处,拔去保险销,压下压把,即可喷出灭火。开启干粉灭火棒时,左手握住其中部,将喷嘴对准火焰根部,右手拔掉保险卡,旋转开启旋钮,打开贮气瓶,滞时1~4秒,干粉便会喷出灭火。

(2) 二氧化碳灭火器的使用方法。二氧化碳灭火器不导电,不含水分，不污损仪器设备，主要适用于扑救电器、精密仪器、贵重设备、图书档案等火灾。

灭火时拔出灭火器保险销，一手握住喇叭筒根部的手柄，另一只手紧握启闭阀的压把。对没有喷射软管的二氧化碳灭火器，应把喇叭筒往上扳70°~90°。使用时，不能直接用手抓住喇叭筒外壁或金属连线管，防止手被冻伤。当可燃液体呈流淌状燃烧时，应将二氧化碳灭火剂的喷流由近而远向火焰喷射；如果可燃液体在容器内燃烧，应将喇叭筒提起，从容器的一侧上部向燃烧的容器中喷射，但不能将二氧化碳喷流直接冲击可燃液面，以防止将可燃液体冲出容器而扩大火势，造成灭火困难。

（3）泡沫灭火器的使用方法。泡沫灭火器通过隔绝空气达到灭火的效果，适用于可燃固体或可燃液体引发的火灾。泡沫灭火器产生的泡沫密度相对较小，可以漂浮于液体表面，从而形成一层泡沫覆盖层，泡沫还具有一定的黏附性，可黏附在一般可燃物的表面。泡沫灭火器使用时不得过分倾斜，更不可横拿或颠倒，以免内部药剂混合而提前喷出泡沫。在距离着火点10米左右，即可将筒体颠倒过来，一只手紧握提环，另一只手扶住筒体的底部，将喷流对准燃烧物。

二、预防意外事故

餐厅可能发生多种意外事故，如滑倒、扭伤、烫伤、割伤、触电及其他机械伤害、煤气中毒等，服务员要时刻加以防范。

1. 滑倒及摔倒

服务员及顾客在餐厅服务或用餐期间，如果地面湿滑、不小心踩到地上的汤汁或食物、碰到地上的障碍物及有缺陷的桌椅等，都可能滑倒、摔倒。预防此类事故要注意以下几点：

（1）发现地面湿滑或洒有液体，要迅速擦拭干净。

（2）有物品或食物掉在地上要马上捡起来，并处理干净。

（3）地板保持干净、不积水，以防打滑。

（4）在光亮的瓷砖地面行走要留心。

（5）通道要畅通，有障碍物要及时撤走。

（6）设备有滴漏现象，要立即报告并维修。

2. 烧伤、烫伤

烧伤、烫伤是餐厅常见的意外事故，沸水、热粥、热油、热蒸汽等都会造成烧伤。尤其在夏天，人们衣着单薄，肢体暴露的部位较多，此时烧伤、烫伤的程度远比其他时间严重。

烧伤、烫伤程度一般分为三度：一度烧伤、烫伤只表现为皮肤红肿、灼热、疼痛，没有水疱，不留痕；二度烧伤、烫伤皮肤出现水疱，局部红肿，疼痛剧烈，治疗及时一般不会留下大瘢痕；三度烧伤、烫伤最为严重，损害深，皮肤焦黑、坏死，骨和血管暴露，极易发生感染，治疗后会遗留严重瘢痕。

为预防烧伤、烫伤，餐厅服务中使用微波炉、烤箱、毛巾蒸箱等设备时要严格遵守操作规程；为顾客上菜时，遇沸水、热汤、火锅、铁板类菜品和需要在餐桌上浇热油、热汁的菜品，需平稳、按规定操作，并嘱顾客用餐时小心，避免接触高温物品。一旦发生烧伤、烫伤事故，要及时用凉水冲洗，并敷烫伤药；若烫伤面积较大，伤情较重，应立即就医治疗。

3. 割伤

正确使用刀、尖锐的器皿及厨房用具可以防止割伤。一旦发生割伤，可采用如下办法处理：

（1）压迫止血法。直接用纱布、手帕或毛巾按住伤口，再用力把伤口包扎起来。此方法能暂时使出血缓下来。

（2）止血点指压法。在出血伤口附近靠近心脏的动脉点找到止血点用力按住，让由心脏流出的血液不能顺畅地流向伤口，减少出血量。

(3) 止血带止血法。伤口血流不止时,用布条、三角巾或绳子绑在止血点上扎紧,每 15 分钟略松开一次,避免组织坏死。

如果是小伤口,用清水或生理盐水稍微冲洗(以伤口为中心环形向四周冲洗)后再用干净的纱布包扎一下即可;若伤口较大,流血较多,应用上述止血方法处理后迅速就医。

4. 触电

接触破损的插座、插头、电线,或不正确使用电器设备等,都可能导致触电。在餐厅的日常管理中要掌握正确使用各种电器设备的方法,定期检查插座、插头、电线、电路开关等,发现破损立即请专人修理,以预防触电事故的发生。若发生触电事故,可采用下列方法使触电者脱离危险:

(1) 切断总电源。如电源总开关在附近,应迅速切断电源。

(2) 脱离电源。用绝缘物(木质、塑料、橡胶制品,书本、皮带、棉麻品、瓷器等)迅速将电线、电器与触电者分离。要防止相继触电。

(3) 心肺复苏。对心跳、呼吸停止者立即行心肺复苏术。

(4) 包扎伤口。

(5) 速送医院。

模块 3　食物中毒预防

对于餐厅而言,保障食物在生产、加工、储运和销售全过程的质量安全尤为重要。因此,加强食品卫生管理,预防食物中毒,对保障顾客健康具有重要的现实意义。

一、食物中毒的特点

食物中毒是指因食用了含有致病微生物及其毒素的食物,或食用了含有毒性物质的食物而引起的一类急性、亚急性疾病。食物中毒有如下特点：

（1）有共同的致病食物。所有的病人都在相近的时间内吃过某种共同的致病食物，与食物关系比较明显。没有进食这种食物的人，即使同桌进餐或同屋居住，也不会发病。发病范围局限在食用该种有毒食物的人群中，停止食用这种有毒食物后，发病就很快停止。

（2）潜伏期短。发病往往呈现出急性暴发的形势，一般潜伏期在24~48小时以内。集体发生食物中毒时，很多人在短时间内同时或先后相继发病，在短时间内达到高峰。

（3）临床表现大致相同。大部分病人的症状相似，多为急性胃肠炎症状。

（4）没有传染性。停止食用有毒食物或污染源被清除后不再出现新的患者，人与人之间没有直接传染。

二、食物中毒的分类及预防

食物中毒大致可分为三类：细菌性食物中毒，也是最为常见的一种中毒；化学性食物中毒；有毒动植物中毒。

1. 细菌性食物中毒的预防

餐饮业是食物中毒的高发行业，其中90%以上是细菌性食物中毒。细菌性食物中毒的发生原因主要有以下几点：

（1）生熟交叉污染。如熟的食品被生的食品原料污染，或被与生的食品原料接触过的容器、手、操作台表面等污染。

（2）食品贮存不当。如熟食品在10~60 ℃的温度条件下存放时间应小于2小时，长时间存放易引起变质。另外，熟料、半成品食品在不适合的温度下长时间存放也可能导致食物中毒。

（3）食品未烧熟煮透。如因食品烧制时间不足，烹饪前未彻底解冻等原因，使食品加工时中心部位的温度未达到70 ℃以上。

(4) 从业人员带菌污染食品。从业人员患有传染病或携带细菌，操作时通过手部接触等方式污染了食品。

针对上述常见的细菌性食物中毒发生原因，餐厅应从防止食品受到细菌污染、控制细菌生长繁殖、杀灭病原菌三个方面采取措施。

(1) 保持清洁。保持与食品接触的砧板、刀具、操作台表面等清洁；保持厨房地面、墙壁、天花板等食品加工环境的清洁；保持手的清洁，不仅在上岗操作前及受到污染后要洗手，在加工食物期间也要经常洗手；配备有效的防护设施，防止老鼠、蟑、蚊蝇等进入库房、厨房和接近食物。

(2) 生熟分开。处理熟食品要做到"五专"，即专间、专人、专用工具、专用冰箱和专用消毒设备；生熟食品的容器、加工用具要有明显的区分标记；从事粗加工或接触生的食品的人员不应从事熟食品处理工作。

(3) 使用安全的水和食品原料。熟食品的加工处理要使用净水；选择来源正规、优质新鲜的食品原料；生食的水果和蔬菜要彻底清洗。

(4) 控制温度。菜品烹后至食用前的时间预计超过2小时的，应使其在8℃以下或60℃以上条件下存放；熟食冷却应在2小时之内使其中心温度下降至21℃以下，再经2小时或更短冷却至8℃以下；鲜肉、禽类、鱼类和乳品冷藏温度应低于5℃；冷冻食品不宜在室温条件下化冻，安全的做法是在5℃以下温度解冻，或在21℃以下的流动水中解冻。

(5) 控制时间。不要过早加工食品，食品制作完成到食用最好控制在2小时以内；熟食不宜隔餐供应，改刀后的熟食应在4小时内食用；生食海产品加工好至食用的间隔时间不应超过1小时；冷库或冰箱中的生鲜原料、半成品等，贮存时间不要太长，使用时要注意先进先出。

(6) 烧熟煮透。烹饪食品时，必须使食品中心温度超过70℃，保险起见最好能达到 75 ℃并维持 15 秒以上；已变质的食品可能含有耐热的细菌毒素，不得再加热食用；冷冻食品原料宜彻底解冻后加热，避免产生外熟内生的现象。

（7）严格清洗。生鱼片、鲜榨果汁、水果拼盘等不经加热处理的直接入口食品，应在清洗的基础上，对食品外表面、工具等进行严格的消毒；餐具、熟食品容器要彻底洗净消毒后使用；接触直接入口食品的工具、盛器、双手要经常清洗消毒。

2. 化学性食物中毒的预防

由于食用被某些有毒金属、非金属及其化合物、农药等化学物质污染的食品，或由于直接误食这些化学物质所引起的中毒，统称为化学性食物中毒。餐厅常见的化学性食物中毒及预防方法如下：

（1）瘦肉精食物中毒。食用了含有瘦肉精的猪肉、猪内脏等，一般在食用后 30 分钟至 2 小时内发病，主要症状为心跳加快、肌肉颤抖、恶心、脸色潮红等。要想预防此类食物中毒，最好的办法就是选择一些信誉良好的供应商，如果猪肉肉色较深、鲜艳，后臀肌肉突出，脂肪非常薄，则这种猪肉可能含有瘦肉精。

（2）有机磷农药食物中毒。此类食物中毒主要是食用了残留有机磷农药的蔬菜、水果等，一般在食用后 2 小时内发病，主要症状为头痛、头晕、恶心、呕吐、视力模糊等，严重者瞳孔缩小、呼吸困难、昏迷，直至呼吸衰竭而死亡。预防此类食物中毒的方法是选择信誉良好的供应商，在蔬菜粗加工时用洗洁精溶液浸泡 30 分钟后再冲净，烹饪前用烫泡 1 分钟，以有效去除蔬菜、水果表面的农药。

（3）亚硝酸盐食物中毒。亚硝酸盐食物中毒是误将亚硝酸盐当作食盐或味精加入食物中，或食用了过量腌菜，一般在食用后 1~3 小时内发病，主要症状为口唇、舌尖、指尖青紫，头晕、乏力、心跳加快、呼吸急促，严重者出现昏迷，甚至呼吸衰竭而导致死亡。预防亚硝酸盐食物中毒的方法是按标准制作腌制食品，亚硝酸盐由专人保管，单独、加锁存放；少食用腌菜，不食用腐烂的蔬菜。

3. 有毒动植物食物中毒的预防

有毒动植物食物中毒是指误食有毒动植物或食用方法不当而引起的食物中毒。

（1）河豚食物中毒。河豚食物中毒是因为误食了河豚或河豚加工处理不当，这种中毒潜伏期为10分钟到3小时，早期有手指、舌、唇刺痛感，然后出现恶心、呕吐、腹痛、腹泻等胃肠症状，四肢无力、发冷，口唇和肢端知觉麻痹，重症患者全身麻痹、瘫痪，呼吸衰竭。预防河豚食物中毒的方法是不经营任何品种的河豚或河豚干制品。

（2）高组胺鱼类食物中毒。中毒原因是食用了不新鲜的高组胺鱼类（如青鲇鱼、秋刀鱼、金枪鱼等青皮红肉鱼），一般在食用后数分钟至数小时内发病，主要症状为面部、胸部及全身皮肤潮红，眼结膜充血，并伴有头痛、头晕、心跳呼吸加快等，皮肤可出现斑疹或麻疹。预防方法是在采购新鲜的鱼，如发现鱼眼变红、色泽黯淡、鱼体无弹性，不要购买；运输、贮存都要保持低温冷藏；烹饪时放醋，使鱼体内的组胺含量下降。

（3）豆荚类食物中毒。中毒原因是在烧制四季豆、扁豆、荷兰豆等豆类食品时未烧熟煮透，其中的有毒物质未被彻底破坏，一般在食用后1~5小时内发病，主要症状为恶心、呕吐、腹痛、腹泻、头晕、出冷汗等。预防方法是在烹饪时先将豆类食品放入开水中烫煮10分钟以上再炒熟。

（4）豆浆食物中毒。豆浆食物中毒是在煮豆浆时未将豆浆彻底煮沸，其中的有毒物质未被彻底破坏，主要症状为食用后30分钟至1小时内出现胃部不适、恶心、呕吐、腹胀、头晕、无力等中毒症状。预防方法是生豆浆烧煮时将上涌泡沫除净，煮沸后再以文火维持沸腾5分钟左右。

培训建议

一、培训目标

通过培训，培训对象可在短时间内掌握岗位认知、餐前准备、接待服务、餐间服务、餐后服务、安全卫生等知识与技能，突出餐厅服务操作技能的训练，能满足餐厅实际用人需求。

1. **理论知识培训目标**

（1）了解餐厅的种类及餐厅组织机构及工作职责。
（2）了解餐厅服务应具备的基本素质及礼仪。
（3）了解服务礼仪的内容，掌握礼仪规范。
（4）了解顾客投诉心理，掌握处理投诉的程序及技巧。
（5）熟悉餐厅卫生要求及安全常识。

2. **操作技能知识培训目标**

（1）掌握托盘的程序及正确操作技能。
（2）掌握餐巾折花的基本技法及常见花型的折叠方法。
（3）掌握摆台的顺序及要求。
（4）掌握迎宾服务的正确操作技能。
（5）掌握点菜服务正确操作技能，具有推销意识。
（6）掌握上菜服务的正确操作技能。
（7）掌握分菜服务的正确操作技能。
（8）掌握酒水服务的正确操作技能。
（9）掌握撤换菜品及餐用具服务的正确操作技能。
（10）掌握送客服务的正确操作技能。
（11）掌握餐后收台的正确操作技能。

二、培训课时安排

总课时数：108 课时

理论知识课时：44 课时

操作技能课时：64 课时

具体培训课时分配见下表。

培训内容	理论知识课时	操作技能课时	总课时	培训建议
第1单元　岗位认知	**8**	**0**	**8**	重点：餐厅的种类、餐厅组织机构及工作职责、餐厅服务应具备的基本素质及礼仪 难点：餐厅接待礼仪运用 建议：教学过程以"展示结合说明"的方法为主进行讲解
模块1　餐厅服务概述	2	0	2	
模块2　餐厅组织机构设置及岗位职责	2	0	2	
模块3　仪表与仪态要求	2	0	2	
模块4　餐厅服务礼貌用语	2	0	2	
第2单元　餐前准备	**10**	**32**	**42**	重点：轻托和重托的操作步骤和方法、餐巾折花的基本技法、餐台布置的操作程序和标准 难点：熟练掌握摆台技能 建议：强化训练，根据标准针对性练习确保摆放的准确和美观性
模块1　环境及物品准备	2	0	2	
模块2　托盘服务	2	6	8	
模块3　餐巾折花	2	8	10	
模块4　餐台布置	4	18	22	

续表

培训内容	理论知识课时	操作技能课时	总课时	培训建议
第3单元 接待服务	8	6	14	**重点**：迎宾服务的要求和程序；中西餐菜品的特点和点菜服务的基本操作流程 **难点**：掌握迎宾服务和点菜服务的要点 **建议**：结合图片视频学习，应用案例教学等方法掌握知识要点；强化实践训练，注重细节，熟练技能，形成工作习惯
模块1 迎宾服务	2	2	4	
模块2 点菜服务	6	4	10	
第4单元 餐间服务	8	24	32	**重点**：席间上菜、分菜、酒水、撤换菜品及餐用具等服务内容的程序，方法及注意事项 **难点**：操作过程中的细节要求的实践练习 **建议**：严格要求实践的每一个环节，在实践中要有相应的情景，也可增设企业相应岗位的实践锻炼
模块1 上菜服务	2	6	8	
模块2 分菜服务	2	6	8	
模块3 酒水服务	2	6	8	
模块4 撤换菜品及餐用具服务	2	6	8	
第5单元 餐后服务	4	2	6	**重点**：用餐后的服务及餐后收台工作 **难点**：处理客人投诉的技巧及运用 **建议**：可找相关案例模拟演练如何处理客人投诉
模块1 送客服务	2	0	2	
模块2 餐后收台	0	2	2	
模块3 投诉处理的程序和技巧	2	0	2	

续表

培训内容	理论知识课时	操作技能课时	总课时	培训建议
第6单元 安全卫生	**6**	**0**	**6**	**重点**：营造餐厅良好的环境卫生，食物中毒预防的方法 **难点**：安全意识的培养
模块1 餐厅卫生要求	2	0	2	
模块2 餐厅安全常识	2	0	2	
模块3 食物中毒预防	2	0	2	